プレモダン建築巡礼

JAPANESE PRE-MODERN ARCHITECTURE

磯達雄=文
宮沢洋=イラスト
日経アーキテクチュア編

はじめに──最も「描くのが楽しい」時代

　本書は、日経アーキテクチュアの連載「建築巡礼」で掲載した29件の建築のリポートに、新たに「寄り道」21件を加えて竣工年順に再構成したものである。対象としたのは明治維新から太平洋戦争終結前までに国内に竣工した建築。具体的にいうと、1872年竣工の富岡製糸場から、戦時中の1942年に竣工した前川國男自邸までだ。既に単行本化されている『昭和モダン建築巡礼』(1945–1975年が対象)、『ポストモダン建築巡礼』(1975–1995年が対象)と対比する形で、この時代の建築を「プレモダン」と位置付けた。

　今、この原稿を書いているのはイラスト担当の宮沢である。あくまでイラスト視点の感想だが、この時代の建築は、これまでのシリーズで最も描くのが楽しかった。「あとがき」で磯達雄も触れているように、実は10年前にこの連載を始めた頃、2人とも戦前の建築にそれほど興味がなかった。

　しかし、江戸時代以前の「伝統建築」と戦後の「モダニズム建築」を「つなぐもの」としてプレモダン建築を見ると、つくり手の葛藤が浮かび上がってきて、それを絵に描きたくなる。書籍をまとめる「編集者」としてそれらの絵を改めて眺めてみると、喜々として描いている様子が伝わってくる。自分でもあきれるほど描き込んだ絵がある。

　磯がひねり出すうんちくや壮大な仮説を頭から順に読んでいくもよし、気になった宮沢のイラストをつまみ食いするもよし。建築の知識があってもなくても楽しめる1冊になったと思う。本書をきっかけとして、建築の面白さに目覚める人が1人でも増えることを祈っている。

2018年3月
宮沢洋［日経アーキテクチュア編集長］

※本書で掲載した50の建築のうち13件は既刊の『日本遺産巡礼 西日本30選』もしくは『同 東日本30選』にも掲載している。本書では「プレモダン建築」の流れを明確にするために、改めてそれらを掲載した。

Contents

- 002　はじめに
- 006　**特別対談** | Dialogue ─── 井上章一氏×磯達雄氏 | 隈、妹島はコンドルの上に花開いた
- 252　あとがき
- 254　記事掲載号/取材時期
- 255　著者プロフィル

026　**明治期** 1868–1912

028	01	**富岡製糸場**	1872	オーギュスト・バスティアン 壁と柱のハイブリッド
034	02	**旧済生館本館**［現・山形市郷土館］	1878	筒井明俊 革命時代の純粋幾何学
040	03	**旧札幌農学校演武場**［現・札幌市時計台］	1878	安達喜幸［開拓使工業局］─── 寄り道 当時最先端のハイブリッド
042	04	**手宮機関車庫3号**	1885	平井晴二郎 形態は軌道に従う
048	05	**道後温泉本館**	1894	坂本又八郎 「小説」としての建築
054	06	**京都国立博物館**	1895	片山東熊 向かい合う設計と施工の神
060	07	**旧岩崎久彌邸**	1896	ジョサイア・コンドル 紅茶の国から来たオタク
066	08	**日本銀行本店本館**	1896	辰野金吾 鏡の国の建築家
072	09	**大阪図書館**［現・大阪府立中之島図書館］	1904	野口孫市 ─── 寄り道 八角ホールで「八哲」を探せ
074	10	**旧日本郵船小樽支店**	1906	佐立七次郎 ─── 寄り道 出世競争に距離を置くおおらかさ?
076	11	**旧津島家住宅**［現・斜陽館］	1907	堀江佐吉 トカトントンの響き
082	12	**浜寺公園駅**	1907	辰野金吾 ─── 寄り道 高架化を生き抜く塗り絵模様
084	13	**旧東宮御所**［現・迎賓館赤坂離宮］	1909	片山東熊 左右対称による近代化
092	14	**旧松本家住宅**	1910	辰野金吾 ─── 寄り道 辰野金吾のカエル食堂
094	15	**日本銀行旧小樽支店**	1912	辰野金吾、長野宇平治、岡田信一郎 ─── 寄り道 派手好き辰野の抑えた外観
096	16	**網走監獄 五翼放射状平屋舎房**	1912	司法省 内部に広がる外部

1

102	**大正期** 1912–1926

104	17	**東京駅丸の内駅舎**	1914	辰野金吾 国技としての建築様式
112	18	**梅小路機関車庫**[現・京都鉄道博物館]	1914	鉄道院[渡辺節]————寄り道 これぞ扇形車庫、これぞモダン!
114	19	**旧秋田商会**	1915	秋田寅之助————寄り道 素人発想ゆえのインスタ映え?
116	20	**函館ハリストス正教会**	1916	河村伊蔵 イコンとしての建築
122	21	**名和昆虫博物館**	1919	武田五一————寄り道 築100年、今も変わらずの奇跡
124	22	**旧京都中央電話局西陣分局舎**[現・NTT西日本西陣別館]	1921	逓信省[岩元禄] 夭折の建築デザイン
130	23	**自由学園明日館**	1921	フランク・ロイド・ライト————寄り道 ターミナル駅から5分の豊饒空間
132	24	**日本基督教団大阪教会**	1922	ウィリアム・メレル・ヴォーリズ ミッションとしての建築
138	25	**帝国ホテル**	1923	フランク・ロイド・ライト 3次元の浮世絵
144	26	**旧山邑家住宅**[現・ヨドコウ迎賓館]	1924	フランク・ロイド・ライト————寄り道 妥協なき細部に何を思うか
146	27	**下関電信局電話課**[現・田中絹代ぶんか館]	1924	逓信省————寄り道 様式のようでアンチ・様式
148	28	**大宜味村役場**	1925	清村勉————寄り道 長生き村の長寿コンクリート建築

2

昭和期 1926–1942

150

152　29　**一橋大学兼松講堂** | 1927 | 伊東忠太
　　　　怪獣たちのいるところ

158　30　**聴竹居** | 1928 | 藤井厚二
　　　　モダン住宅と着物美人

164　31　**イタリア大使館別荘** | 1928 | アントニン・レーモンド──寄り道
　　　　レーモンドの繊細さに酔う

166　32　**甲子園ホテル** [現・武庫川女子大学甲子園会館] | 1930 | 遠藤新
　　　　シンボリックな環境装置

172　33　**綿業会館** | 1931 | 渡辺建築事務所[渡辺節、村野藤吾]
　　　　様式の松花堂弁当

178　34　**東京中央郵便局** | 1931 | 逓信省[吉田鉄郎]──寄り道
　　　　辛くも残った東京駅との対比

180　35　**横浜市大倉山記念館** | 1932 | 長野宇平治──寄り道
　　　　「世界で唯一」でも成功なの？

182　36　**大阪ガスビルディング** | 1933 | 安井武雄建築事務所
　　　　合理的なる流線形

188　37　**大丸心斎橋店本館** | 1933 | ウィリアム・メレル・ヴォーリズ
　　　　流行をつくり流行を超える

194　38　**日本橋髙島屋** | 1933 | 髙橋貞太郎、村野藤吾[増築部]──寄り道
　　　　増築部を含め百貨店初の重文

196　39　**旧日向別邸** | 1934,36 | 渡辺仁、ブルーノ・タウト
　　　　地下にある別世界

202　40　**築地本願寺** | 1934 | 伊東忠太──寄り道
　　　　動物入れたさのインド風？

204　41　**軽井沢聖パウロカトリック教会** | 1935 | アントニン・レーモンド──寄り道
　　　　さすがのレーモンド流木造

206　42　**万平ホテル** | 1936 | 久米権九郎
　　　　ベランダに床の間

212　43　**黒部川第二発電所** | 1936 | 山口文象
　　　　機械のための住まい

218　44　**国会議事堂** | 1936 | 大蔵省臨時議院建築局
　　　　屋根のピラミッド

224　45　**宇部市渡辺翁記念会館** | 1937 | 村野藤吾
　　　　絵に描かれた革命

230　46　**旧東京帝室博物館本館** [現・東京国立博物館本館] | 1937 | 渡辺仁、宮内省内匠寮[実施設計]──寄り道
　　　　瓦屋根をまとうモダニズム

232　47　**原邦造邸** [現・原美術館] | 1938 | 渡辺仁
　　　　思想を超えるスタイル

238　48　**東京女子大学礼拝堂・講堂** | 1938 | アントニン・レーモンド
　　　　日本化するモダニズム

244　49　**橿原神宮前駅** | 1940 | 村野藤吾──寄り道
　　　　木造に見せない村野の抵抗？

246　50　**前川國男邸** | 1942 | 前川國男
　　　　家の中の公共空間

対談 | Dialogue

井上章一 氏 ［国際日本文化研究センター教授］ × 磯達雄 氏 ［建築ライター］

隈、妹島はコンドルの上に花開いた
戦後建築を理解するために知っておくべき明治－終戦の建築家10人

建築史家であり風俗史研究者としても知られる井上章一氏。そのユニークな視点は、むしろ建築外にファンが多い。
実は、井上氏はこの「建築巡礼」シリーズの最初の書籍「昭和モダン建築巡礼 西日本編」が
2006年に発刊されたとき、新聞の書評欄で取り上げてくれた"恩人"。
10年前のお礼も兼ねて、井上氏が教授職を務める京都市の国際日本文化研究センターで磯達雄との対談を行った。
知っているつもりの巨匠たちも、2人にかかるとこの通り……。

（進行・似顔絵：宮沢洋、対談写真：生田 将人）

──今日の対談は「戦後建築を理解するために知っておくべき明治−終戦の建築家10人」というお題です。お2人が頭の中に思い浮かべた建築家で、一番古い生まれの方から挙げていってもらえますか。最初は井上さんからお願いします。

井上（以下、井）｜まずは、ジョサイア・コンドル（1852−1920年）ですね。

磯｜僕も最初はコンドルを挙げようと思っていました。

井｜コンドルはね、現代に響くところがあると思うんです。というのは、彼は明治時代にたぶん唯一、一般人に名前を知られていた建築家なんですよ。

01｜ジョサイア・コンドル──「思い」が理解されなかったスター

──コンドルはそんなに有名な存在だったのですか。

井｜「そんなに」というほどではないかもしれませんが、片山東熊も辰野金吾も、同時代の一般の人にはほとんど名前を知られていなかったと思います。辰野金吾はごく最近まで、フランス文学の人にとって、「辰野隆（フランス文学者で随筆家、1888−1964年）のお父さん」としか認識されていなかったですから（笑）。

建築家の知名度なんて、何てことはなかったん

●知っておくべき10人●

01 ジョサイア・コンドル
Josiah Conder

1852年−1920（大正9）年

日本を愛した英国人建築家
明治維新後、日本に本格的な洋風建築を普及させるべく、その人材を育てるために設けられたのが工部大学校の造家学科（現在の東京大学建築学科）。その教師として英国から招かれたのがコンドルだった。辰野金吾をはじめとした多くの建築家を育て、日本建築の父あるいは母とも称される。建築家としても明治政府からの依頼で帝室博物館や鹿鳴館などを設計。大学教師を辞してからは三菱の顧問となり、三菱一号館などの事務所建築や邸宅などを手掛けた。私生活では日本人と結婚。河鍋暁斎の絵や生け花など、日本文化をこよなく愛して、これを紹介する本も執筆した。そして生涯を日本で終える。墓は東京の護国寺にある。

です。間違いなくモダンデザインの建築家たちが知名度を高めたんです。でも、コンドルだけは例外で、比較的よく知られていたようです。何の本で読んだのか忘れましたが、当時、東京の企業の入社試験で、コンドルの名前を知っているかがよく尋ねられたそうです。「コンドル、ああ、分かりますよ」と言う人は、「なかなかしゃれているじゃないか」というふうに、リトマス試験紙風に使われていたんですね。

磯｜片仮名表記の「コンドル」という読み方自体

が、古くから日本であの名前が広まっていた1つの証拠でもあるような気がします。

——えっ、今だったら何と?

磯｜「Conder」だから、普通ならば「コンダー」と読むところでしょう。槇文彦さんはいつもコンダーと書くので、槇さんらしいなと思っているんですけど。

井｜もう1つ、僕がコンドルで触れておきたいのは、鹿鳴館(1883年竣工、1940年に取り壊し)が典型なんだけれど、彼はよくイスラムのデザインを自分の建物に採り入れました。それは、日本と西洋を結ぶのは、途中のアラベスクデザインだと思ったからでしょう。ミノル・ヤマサキのワールド・トレード・センターにもイスラム風が採り入れられていましたよね。ミノル・ヤマサキもやはり日本と西洋を結ぶものとして、アラベスクに興味を持ったんじゃないかな。

磯｜コンドルは岩崎久彌邸(1896年、060ページ)もイスラム風が入っています。何かエキゾチックな感じがしていいものだという、そういう感じでイスラム風を採り入れたんですかね。

井｜そうでしょう。でも、鹿鳴館を見たピエール・ロティ(フランスの作家、1850-1923年)は、まるで場末のギャンブルハウスのようだと言った。それは、当たっていると思います。例えば、戦前の国技館ってイスラム風だったんですよ。

磯｜辰野金吾が設計した、ドームが載った建物(1909年竣工、82年に取り壊し)ですね。

井｜そう。国技館を彩ったイスラム風は、基本的にレジャー施設向きのデザインなんですよね。本格的な議事堂とか、官公庁とかに使うべきものではなく、動物園とか、温泉場の芝居小屋のような。日本

ジョサイア・コンドルが設計した鹿鳴館(1883年、現存せず)の外観イメージ(イラスト:宮沢 洋、065ページの「旧岩崎久彌邸」のイラストルポから一部引用)

ジョサイア・コンドルが設計した旧岩崎久彌邸(1896年、060ページ)洋館の東側外観。1階のサンルームは1910年ごろに増築された(建築写真:024ページまで特記以外は磯 達雄もしくは宮沢 洋)

コンドルの弟子である辰野金吾の設計で1909年に完成した国技館。現存せず（イラスト：095ページの「日本銀行旧小樽支店」のイラストルポから一部引用）

人が、エキゾチックなヨーロッパ中世風をラブホテルに使うのと同じ感覚かな。そんなイスラム風で辰野は、ヨーロッパ流に国技館を彩ったと思うんです。
──コンドルの建築家としての腕前はどうだったんでしょう。
井｜よくは分からないけれど、それほど見事な作品はないように思いますね。
磯｜若いときに日本に来ていますし（1877年に24歳で来日）。
井｜それはコンドルだけじゃなくて、ヴォーリズ（1880-1964年）だって、母国で実績はありませんから。
磯｜ヴォーリズは素人みたいなものでしたからね。
井｜あの時代の日本人にとって、建築としての良し悪しはあまり意味を持たなかったんじゃないかな。たぶん鹿鳴館のイスラム風に目が向いた日本人はほとんどいなかった。今だって教科書に西洋化のシンボルとして鹿鳴館が載っていても、「イスラムのデザインを採り入れ、レジャー施設風に仕上げた」と説明している教科書はまずないですよ。

コンドルについては、こう言ったらいいだろうと思います。「コンドルは明治、大正期でおそらく一番名前の知られた建築家だけれども、アラベスクに込めた思いはほとんど誰も了解できていなかった」と。

02+03｜辰野金吾、片山東熊──何もかもが対照的なライバル2人

──では、2人目に。
磯｜そのコンドルの弟子である、最初の日本の建築家というべき4人の卒業生（辰野金吾、片山東熊、曽禰

井上章一（いのうえしょういち）
国際日本文化研究センター教授。建築史、意匠論。風俗、意匠など、近代日本文化史を研究。1955年京都府生まれ。京都大学大学院工学研究科建築学専攻修士課程修了。「つくられた桂離宮神話」（講談社学術文庫）で1986年度サントリー学芸賞、「霊柩車の誕生」（朝日選書）、「美人論」（朝日文芸文庫）、「狂気と王権」（講談社学術文庫）、「伊勢神宮」（講談社）、「京都ぎらい」（朝日新書）、「現代の建築家」（ADAエディタトーキョー）など

達蔵、佐立七次郎）がいるわけですが、その4人はそれぞれキャラが立っているというか、すごく面白いと思うんです。特に辰野金吾（1854-1919年）と片山東熊（1854-1917年）はセットで語りたいところです。

井｜はい、では辰野金吾と片山東熊で。

磯｜この2人はすごくいいライバル関係なんです。一方の辰野は唐津の下級の武士の家の生まれ。貧しいところからはい上がっていく感じで、もう一方の片山は長州藩のいいところの生まれ。すごく恵まれて、偉い人から目を掛けられて、長州藩や明治政府のいい仕事がいろいろ来る。辰野は建築を学び始めた当初、あまり成績がよくなかったんですよね。ぎりぎりで工部大学校に入って、でも卒業するときはトップになっていた。『巨人の星』でいうと、辰野金吾が星飛雄馬で、片山東熊が花形満みたいな感じがするんです。

井｜片山が花形モーターズの坊ちゃん？（笑）宮廷に行くイメージとはちょっと違うようにも思えるけれど、はい、分かりました。

磯｜僕の中では完全にそういう絵が浮かんじゃっていて（笑）。そうすると曽禰達蔵は伴宙太で、妻木頼黄（よりなか）は左門豊作かな。

● 知っておくべき10人 ●
02
辰野金吾
Kingo Tatsuno

1854（嘉永7）年－1919（大正8）年

質実剛健なリーダー

工部大学校造家学科の1期生として巣立った4人の建築家の1人。同期の曽禰達蔵と同じく、出身は佐賀県の唐津だが、曽禰の家が上級武士だったのに対し、辰野家は下級の家柄だった。首席卒業のご褒美に英国へと留学、帰国後は帝国大学校の教職に就く。造家学会（後の日本建築学会）の会長も長く務め、アカデミーの世界を基盤として、黎明期の日本建築界にリーダーとして君臨する。民間の建築設計事務所を立ち上げたパイオニアでもあり、東京には辰野葛西事務所、大阪には辰野片岡事務所を設立して、第一銀行神戸支店（現・神戸市営地下鉄みなと元町駅）、盛岡銀行本店、奈良ホテルなどを手掛けた。質実剛健な作風から「辰野堅固」の異名もとった。

コンドルとその教え子たち（イラスト：058ページの「京都国立博物館」のイラストルポから一部引用）

磯達雄（いそたつお）
建築ジャーナリスト。プロフィルは255ページ参照

● 知っておくべき10人 ●

03 片山東熊
Tokuma Katayama

1854（嘉永7）年-1917（大正6）年

皇室の建築を担った才人
工部大学校造家学科で辰野金吾の同期生であり、ライバルの関係にあった。出身が長州藩で、同郷の山県有朋にコネがあったことから、その家の設計者を学内コンペで決めようと言い出し、実施して自分が選ばれたりしている。卒業後は内匠寮（宮内省の建築造営部門）に職を得て、ヨーロッパの視察旅行の後、東宮御所（迎賓館赤坂離宮）、竹田宮邸などの皇族宅のほか、東京国立博物館表慶館、京都国立博物館といった博物館を多く設計している。その建築的才能は高く、建築評論家の神代雄一郎は著書『近代建築の黎明』で、明治の三大建築家として辰野、片山、妻木頼黄を挙げ、「比べてみて、そのデザインでは片山東熊が勝利をおさめた」としている。

井｜国際的に見ると、妻木頼黄（1859-1916年）の方が辰野金吾と片山東熊よりも水準が高いと思いますよ。妻木は、東京帝大なんていう田舎の学校ではなく、アメリカのコーネルで建築の勉強をしているので、ドイツに招かれたときは先輩たちを差し置いて妻木がトップ格だったんです。だから先輩の東京帝大出の建築家たちは悔しかったと思う。「俺らを差し置いて、若造が」と。

――辰野金吾と片山東熊については、井上さんはどうご覧になっていますか。

井｜辰野は、たくさんつくった人なんだけれども、おしなべてヨーロッパの同時代のものと比べると規模が小さいんですよ。日本銀行だって、最初にできた部分の規模はそれほどでもない。もう少し背の高い建物なら似つかわしいようなデザインを、やや平べったい感じでまとめているものが多い。それに比べると片山東熊の仕事は、規模の大きさで恵まれていますね。

磯｜京都の国立博物館（1895年、054ページ）も、赤坂の迎賓館（1909年、084ページ）も大きいですね。

井｜数は少ないけれども恵まれた仕事が多かった片山東熊と、乱造とは言わないけれども、たくさん仕事をこなした辰野金吾。建築家としての充実感は、どっちがあったんでしょうね。

磯｜僕もはっきり言えるほど建築を見る目はないけ

片山東熊が設計した京都国立博物館（1895年、054ページ）。谷口吉生氏の設計で2014年に開館した平成知新館から見る（写真：生田 将人）

片山東熊が設計した迎賓館赤坂離宮（1909年、084ページ）

辰野金吾が設計した日本銀行本店。東側の増築部の設計は、辰野の教え子である長野宇平治が中心になった（1896年、066ページ）

れど、日本銀行（066ページ）で辰野金吾がやったところ（1896年）と、その隣（東側）に後から長野宇平治（1867–1937年）がつくった増築部（1935年、38年）を比べると、やっぱり長野がやったところの方がうまいと思うんですよね。

井｜そうですね、長野宇平治という人はすごい人ですね。スケールに合わせて整えることができたんでしょうね。

04｜長野宇平治——
形式と戯れるポストモダン的建築家

——では、4人目は長野宇平治にしましょうか。

井｜長野は今の話にあったように、日銀の仕事を途中から辰野から引き継いでするようになって、クラシックの人になるんですよ。クラシックの形式を必ずしも好きではなかったらしいんだけれども、与えられた条件の中で、それをやりくりする能力があって、クラシックという形式の中で形を整えることを面白がる、というのかな。

磯｜ある種のルールがあって、その中でゲームをやるみたいな面白さですかね。

井｜そう、ルールの中のゲームだと思いますね。例えば、銀行や証券会社でも、時代が下るにつれて容積が大きくなると、古典形式の中に収まりにくく

なるわけです。そこを収めるために長野が費やしている努力というのは、いわば形式をぎりぎりのところで守るゲームで、これは後に磯崎新が言い出したようなことです。「形式との戯れ」の中に表現の可能性を見るとでも言いますか。「ポストモダン」ぽくも見えるそうした考え方は、もしかすると長野だけではなくて、旧時代の建築家はみんなそういうことに直面していたのかもしれません。

磯｜明治時代からポストモダン的な感覚が実はあったということですよね。それこそコンドルとかの時代にも、世界中のいろいろな様式から選択するということをしていたわけですから。

井｜そうしたなかで、形式に縛られた中で生きていくことを一番クリアに見せてくれる1人が長野宇平治ではないかなと。

磯｜でも、最後は大倉山記念館（1932年、180ページ）みたいな、よく分からないものを……。

井｜あれは、僕の中では破綻しているように思うんだけれども（笑）。

05+06｜岩元禄、吉田鉄郎──
お役所が生んだ「前衛」の建築家たち

磯｜5人目は逓信省の建築の話をしてもいいですか。岩元禄（1893–1922年）とか。

長野宇平治が設計した横浜市大倉山記念館（1932年、180ページ）

●知っておくべき10人●
04 長野宇平治
Uheiji Nagano

1867（慶応3）年－1937（昭和12）年

古典主義建築を究める

東京帝国大学造家学科を卒業した後、横浜税関や奈良県を経て日本銀行の技師となる。日本銀行本店増築、日本銀行岡山支店、横浜正金銀行東京支店など数多くの銀行建築を設計し、日本における古典主義建築の第一人者として認められる存在になった。さらには国際連盟会館の設計コンペに応募したり、大倉山記念館でギリシャ建築よりもさらに年代を遡ったミケーネ文明の建築様式を取り入れたりと、晩年まで旺盛な設計意欲を絶やさなかった。また日本建築士会の初代会長も務めて、建築家の社会的地位を向上させるためにも力を尽くした。

・知っておくべき10人・

05 岩元禄
Roku Iwamoto

1893(明治26)年 – 1922(大正11)年

早世が惜しい芸術的建築家

東京帝国大学の建築学科を卒業して逓信省へと進む。途中、軍隊に入っていた期間を含んでの2年半という短い期間のうちに、西陣分局舎、青山電話局などの設計を担当する。その後、東京帝国大学の建築学科で助教授として働き始めるが、その最初の年にかっ血。療養するもよくならず、29歳の若さで生涯を閉じている。過去の様式に頼らない独自の作風から、日本で最初の「芸術的建築家」とも言われる。私生活においても、彫刻家のアトリエを借りた住まいに暮らし、そこで絵を描いたりピアノを演奏したりしていたという。堀口捨己や山田守ら分離派建築会のメンバーからは兄貴分と慕われたが、運動への参加は断っている。

井｜逓信省だと、私は吉田鉄郎(1894–1956年)と岩元禄を挙げたいですね。

——では、岩元禄からいきますか。

磯｜逓信省は、公共的な手堅い施設をつくっていく組織であるわけだけれど、そのなかに、かなり前衛的なデザインをやる建築家もいて、山田守(1894–1966年)をはじめ表現主義的な建築家をたくさん輩出した。そのなかでも一番最初に頭角を現したのが岩元禄。若くして亡くなってしまったので作品がほとんどない。ですが、日本の表現主義が、実はそういう組織設計から出てきたというところが僕はすごく面白いと思っています。

井｜それは日本だけではないと思いますよ。イタリアでも、モダンデザインはまず郵便局からです。

——そうなんですか?

井｜郵便とか鉄道とかがね、国家建設のときに、新しさを受け入れるんです。イタリアはなかなか新しいものを受け入れない国なんだけれども、それでも港湾、鉄道、郵便といった辺りが近代、つまり新しさを受け入れる施設だったと思います。

だから、日本でもそういうところに野心のある人が集まりやすかったんでしょう。岩元が設計した西陣の電話局(旧京都中央電話局西陣分局舎、1921年、122ページ)なんか、外壁に裸婦が付いているでしょう。

磯｜ええ、裸婦のトルソーが載っています。すごく大

逓信省の岩元禄が設計した旧京都中央電話局西陣分局舎(1921年、122ページ)。正面外壁に裸婦のトルソーが付いている

胆ですよね。

＃｜伝わっている伝説では、あそこの電話交換室に出勤する女性たちは、いつも恥ずかしそうにうつむきながら門をくぐっていたとか。

　現代美術や現代音楽に触れていることが自分の肥やしになるみたいに思うようなタイプの建築家として、岩元禄は面白い。言い方がよくないかもしれないけれど「芸術かぶれの建築家」を出した、そのパイオニアみたいな。辰野金吾とかにはそういう思いはなかったんじゃないかなと。

――吉田鉄郎については。

＃｜吉田鉄郎もすごく才能のあった人だと思うんです。でも、モダンデザインの潮流に合わせてしまったんですよね。そこが何かかわいそうだなと思う。

磯｜モダンデザインに移る前の方がいいと。

＃｜宇治山田（三重県伊勢市）に吉田鉄郎の初期の作品（旧山田郵便局電話分室、1925年）があって、今はレストランになっているんです。十数年前に行ったときに、たまたま経営者と会って話をすることができました。その人は近くに住んでいて、「この建物が好きなので、お願いして使わせてもらっている」と。その方はNTTから借りた建物をうまく生かしながら、レストランを運営しています。

　これは草葉の陰で吉田鉄郎が聞いたらすごくうれしい話じゃないでしょうか。建築的な評価とは関

● 知っておくべき10人 ●
06 吉田鉄郎
Tetsuro Yoshida

1894(明治27)年－1956(昭和31)年

郵便局でモダニズムを確立
東京帝国大学を卒業後、逓信省へ。京都中央電話局上分局や別府公会堂など初期の作品は、ドイツ表現主義や北欧ロマンティシズムの建築を思わせる作風だったが、次第に装飾を排した合理主義へと傾く。代表作は東京と大阪の中央郵便局で、特に東京中央郵便局はドイツから訪れていたブルーノ・タウトに、モダニズムの傑作として賞賛された。晩年は日本大学で教鞭をとったり、『日本の住宅』など日本建築を紹介する著作をドイツ語で執筆したりした。向井覚の著書によると、死の間際に残した言葉は「日本中に平凡な建築をたくさん建てたよ」だったという。

逓信省在籍時の吉田鉄郎が設計した旧山田郵便局電話分室（1925年）。現在はフランス料理店の「ボン・ヴィヴァン」となっている（写真：ボン・ヴィヴァン）

通信省在籍時の吉田鉄郎が設計した旧京都中央電話局上分局（1923年、登録有形文化財）。現在は店舗やスポーツクラブが入っている

曳き家（ひきや）により保存された東京中央郵便局（1931年、設計：吉田鉄郎、178ページ）の外観。入り口のあるコーナー部は、北東部（写真左）の曳き家によって角度が変わるため、新築した

たことがありません。

　京都の丸太町沿いの郵便局（旧京都中央電話局上分局、1923年）も「あれは好きだ」という声をよく聞きます。あの建物は私の知っている範囲でも、アスレチックジムになり、レストランになり、今はコンビニが入っていると思うんですが、要するにあそこで仕事をやりたいという人が次から次に出るんですね。そういう一般の人に分かる魅力をモダンデザインになってからの吉田鉄郎は持っていないから、日本建築学会がしゃかりきになって「保存しよう」と頑張らなければならない。

——磯さんはどちらかというとモダニズム以降の吉田鉄郎が好きなのでは。

磯｜そうですね、どちらかといえば。

井｜ええっ、うそ！（笑）

磯｜つんつるてんの、そういう吉田鉄郎の建築が好きですね。

井｜なるほど。吉田鉄郎でもう1つ付け加えると、目地割りがすごく見事なんです。大阪の中央郵便局なんか見るたびに、本当にすごいなと思いました。鉄のサッシと、壁と床の目地とかね。あのこだわりはお役所仕事だと思います（笑）。日本の建設会社というのは、当時から見事だった。あんなに目地割りをばっちり整える仕事をヨーロッパではあまり見たことがありません。

係なく、「この建物が好きだからいつか使いたい」と強く思っている人がいた。

　それに比べて、東京の中央郵便局（1931年、178ページ）の頃の吉田の建築を見ると、吉田はあまりモダンデザインに向いていなかったと思う。大阪の中央郵便局（1939年）とか、モダンデザインに入ってからの建物を、一般の人がいいねと言うのを聞い

磯｜確かに、吉田鉄郎に引かれるのはそういうディテールの新しさみたいな部分であって、空間性の豊かさみたいなものは、あの頃のモダニズムといわれている建築にはまだないかもしれませんね。その辺りはフランク・ロイド・ライト（1867-1959年）とか、アントニン・レーモンド（1888-1976年）とか、海外のモダニズムの建築家が日本でつくるようになって、ようやく見て取れるという感じですかね。

07｜渡辺仁──
偽りのレッテルに不遇の戦後

──逓信省の建築については岩元禄と吉田鉄郎だけでいいですか。
磯｜渡辺仁（1887-1973年）もそうかな。
井｜彼もいっとき逓信省にいましたね。渡辺仁も入れましょう。渡辺仁はとにかく、前川國男を引き立てる都合で悪者にされてね。非常に戦後、気の毒な……。
──そうなんですか。
井｜あんまりな扱いですよ。
磯｜僕もそう思います。帝室博物館（現・東京国立博物館本館、1937年、230ページ）のコンペで、戦後はそういうふうに使われてしまって。お弟子さんで有名な人がいなかったからか、擁護する人がいなかった。
──帝室博物館コンペというのは?

●知っておくべき10人●
07
渡辺仁
Jin Watanabe

1887(明治20)年－1973(昭和48)年

様々な様式を自在にこなす
東京帝国大学を卒業後、鉄道院を経て逓信省に勤務。そこで高輪電話局などを手掛けた。1920年に独立して自らの事務所を構えると、銀座・服部時計店（現在の和光本店）の古典主義、日本劇場やホテルニューグランドのアール・デコ、第一生命館の合理主義、原邦造邸（現在の原美術館）のモダニズムなど、さまざまな建築スタイルを巧みにこなした。コンペにも積極的に取り組み、明治神宮宝物殿、帝国議会議事堂、聖徳記念絵画館などで佳作以上の入選を果たす。そして東京帝室博物館（現在の東京国立博物館本館）で見事1等を射止めるが、応募要項の「日本趣味」に応えた屋根が載っていることから、軍国主義と結び付けて捉えられもした。

磯｜そのコンペ（1931年）では、前川國男がモダニズムの案を出して、それが落とされるんだけど、1等賞を取ったのが渡辺仁の案で、現在のような切妻の屋根が付いていた。
井｜瓦の載った傾斜屋根を付けることがファシズムへの貢献だと、戦後になって責められたんです。そんなのちゃんちゃらおかしい議論だと思うんですけれど。フィレンツェなんかへ行ったら、むしろ陸屋根なんてファシズムの建築だけですよ。何を抜かしと

渡辺仁が設計した東京国立博物館本館(1937年、230ページ)

渡辺仁が設計した原美術館(原邦造邸、1938年、232ページ)

渡辺仁が設計した和光本店(服部時計店、1932年)

るねんと思いますよ(笑)。

磯｜そこら辺、ねじれていますよね。

井｜帝室博物館だけでなく、軍人会館(現・九段会館、1934年)の和風の屋根にも、当時の国粋主義とか軍国主義への歩み寄りは一切ないと私は思います。

九段会館は、もともと軍人会館の屋根なのでそういう誤解が出たんだけど、大阪の軍人会館はモダニズムなんですよ。

もう1つ言うと、帝国陸海軍の施設は、立派なものに限ればほぼすべて、西洋の様式建築になっています。だけど、軍人会館は退役軍人用の社交施設で、軍の中枢施設ではない。退役した軍人の社交場だから、あんな日本のお城風もあっていいかなと軍の中で許されたんじゃないでしょうか。

大日本帝国陸海軍は最後まで折り目正しいヨーロッパ風を目指した、という現実から目を背けるような議論を、後世はしているわけです。

——井上さんは渡辺仁のどういうところを評価したいと?

井｜いや、僕は渡辺仁を評価したいというより、後世の渡辺仁へのレッテル貼りに憤りを感じているんです(笑)。

でも、面白い建築家ではありますね。原美術館(原邦造邸、1938年、232ページ)なんか、もういい歳になってからですよ。自分がそれまでに獲得した表現

で、大家としてふんぞり返っていていい立場の渡辺仁が、若い方向、新しい方向に向かってみようと。
磯｜何でもできるという、そういう自信があったんでしょうね。
井｜たぶん何か建築雑誌で、バウハウスのものやらコルビュジエのものやらを見て、やってみようと思ったんでしょう。
　そういう人に、後世のモダンデザインは「反動」の烙印を押し続けたんです。
——ああ、またそこに戻る（笑）。
井｜でも、渡辺仁は日劇（1933年、現存せず）とか、服部時計店（現・和光本店、1932年）とか、戦後の東京の人にもなじまれた建物を数多く設計しましたね。
磯｜確かに、東京の都市景観をつくる建築をたくさん手掛けています。第一生命館（1938年）もそうです。
井｜ああ、第一生命館。あれをね、ヒトラーの総統官邸（1939年）にあやかったという人がいる。私には

信じられない。ヒトラーの総統官邸の方が後でできているんですよ。まねのしようがないじゃないですか。だけど、もう渡辺仁と聞くだけでそういうレッテルを貼れば何とかなると。
磯｜それに対して怒る人は井上さんしかいない（笑）。

08＋09｜渡辺節、安井武雄──
金に糸目を付けない
大阪経済人の後ろ盾

——渡辺仁で7人になりました。あと3人です。
磯｜大阪の建築家も挙げておきたいので、渡辺節（1884－1967年）と安井武雄（1884－1955年）はどうでしょうか。あの時代の大阪の街なかの建築って、すごくレベルが高かったと思うんです。
井｜おっしゃる通りですね。渡辺節の綿業会館（1931年、172ページ）は、外から見ると今は地味に見える

渡辺仁・松本與作の共同設計による第一生命館（1938年）

けれど、中に入るとすごい。大日本帝国時代は、経済指標だけを見ると、大阪は東京に負けていないですね。特に関東大震災以降は東京以上だった。

　大阪のブルジョアジーたちが建築家を育てた部分があると思います。渡辺節もそうだと思うし、辰野金吾が大阪に事務所を持ったのも、そういう背景があったからでしょう。

磯｜大阪には民間の建築の仕事がたくさんあった。建築家とクライアントの、すごくうらやましい関係が、あの時代の大阪にはあったんだなという感じがします。

井｜要するに、金に糸目を付けなかった（笑）。坪単価がどうのとか、レンタブル比がどうのとか、そういうみみっちいことにこだわりを示さなかったんだと思いますね。

磯｜安井武雄の大阪ガスビルディング（1933年、182ページ）は今見てもかっこいいですよね。

井｜ガスビルがモダンデザインでかっこいいというのはね、建築業界を超えて素人筋にも了解されていると思う。吉田鉄郎の中央郵便局のひいき筋には会ったことがないけれど、ガスビルかっこいいという話はよく聞きます。

　だからモダンデザインが人民の心をそそらないというわけでは全然ないですよ。吉田鉄郎には向い

● 知っておくべき10人 ●
08
渡辺節
Setsu Watanabe

1884(明治17)年－1967(昭和42)年

大阪で花開いた「売れる設計」

11月3日の天長節（明治天皇の誕生日）に生まれたので節と名付けられた。東京帝国大学の建築学科を出た後、韓国政府度支部に勤め、釜山や仁川の税関庁舎を設計する。鉄道院に移ると、京都駅の設計を担当した。1916年に独立して開設した渡辺建築事務所は、大阪における民間設計事務所の草分けとされる。そこで手掛けた商船三井ビルディングや日本勧業銀行本店は、堂々たるルネサンス風の様式建築。また大阪ビルディング東京支店などでは、欧米建築の視察経験を生かし、装飾性にオフィスビルとしての実用性も重ね合わせている。村野藤吾もこの事務所の出身。師からもらった忘れがたい言葉は「売れる設計をしてくれ」だったという。

渡辺節が設計した綿業会館（1931年、172ページ）のエントランスホール

安井武雄が設計した大阪ガスビルディング（1933年、182ページ）

●知っておくべき10人●

09 安井武雄 Takeo Yasui

1884（明治17）年－1955（昭和30）年

「自由様式」の極意

東京帝国大学を卒業して南満洲鉄道工務課へ。その後、大阪の片岡建築事務所に移ると、米国へ派遣されニューヨークの建築設計事務所でも勤務した。帰国して40歳で安井武雄建築事務所を開設、大阪倶楽部、高麗橋野村ビル、日本橋野村ビルなどの設計を手掛ける。その作品は、マヤ風や東洋風のデザインが取り入れられた独自のもの。自邸では新興のモダニズムに接近している。旧来の様式にとらわれない作風を、自ら「自由様式」と称した。その集大成となったのが大阪ガスビルディングである。設計事務所の活動は太平洋戦争で中断するが、1951年に安井建築設計事務所として再開、没後も後継者によって現在まで続いている。

ていなかっただけかなと（笑）。

磯｜ガスビルは、都市のなかの建築のつくり方として、アーケードを設けるとか、アーケードの下にガラスブロックの床があってそこから地下に光が入るとか、すごくよくできているので、今見てもいいと感じるんでしょうね。

そして、そういう大阪の民間主導の建築づくりの文化から、村野藤吾（1891-1984年）という、またすごい建築家が出てきます。

#｜そう、村野藤吾については私も少し言いたい。

──では10人目は村野藤吾にしましょう。

10｜村野藤吾──
丹下健三も憧れた造形センス

#｜よくいわれている、村野藤吾が「建築の9割9分は与えられた条件や経済で決まる、残りの1％に村野の味わいがある」と言ったという話は、ただのリップサービスで、絶対に本人はそんなこと思っていないと思います。彼は生涯、超高層ビルを嫌ったでしょう？ もし経済が9割9分を決めるのなら、超高層ビルは当然あり得る時代にも村野は生きていたわけです。だけど超高層ビルのてっぺんの方になると、村野の得意としていたバルコニーのデザインとか、建築の外装へのこだわりとか、下から見えない。

●知っておくべき10人●

10 村野藤吾
Togo Murano

1891(明治24)年－1984(昭和59)年

造形と素材で異彩を放つ

早稲田大学の建築科を卒業後、渡辺節の建築事務所を経て1929年に独立。「様式の上にあれ」を唱え、様式建築の乗り越えから建築家をスタートする。しかしモダニズムに染まることはなく、豊かな造形性や素材感を備えた作風は、戦後、モダニズムが主流の時代にも異彩を放ち続けた。代表作は、宇部市渡辺翁記念会館、世界平和記念聖堂、丸栄百貨店、関西大学、都ホテル佳水園、日生劇場、千代田生命ビルなど多数。商業建築から公共施設まで幅広い分野で活躍し、また料亭や茶室などの和風建築でも巧みな腕を振るった。晩年の大作、新高輪プリンスホテルを完成させたのは90歳を超えてから。老いても旺盛な創作活動を続けた。

そういうのはやっぱりやりたくなかったんですよ。
──「9割9分は経済で決まる」という考え方を村野に吹き込んだのは、師である渡辺節なんでしょうか。
井｜渡辺節は「クライアントが納得するものを」ということを常に強く言っていたらしいですね。ただ、渡辺節自身は若い頃、京都駅の西側に扇形の操車場(梅小路機関車庫、1914年、112ページ)をつくっているんだけど、これは完全にモダンデザインです。

磯｜今は鉄道博物館になっていますね。
井｜だから、渡辺節は別にああいうシンプルなものを嫌がっていたわけではない。クライアントの要望によってはシンプルなものもやれるわけです。ただ、村野藤吾が勤めたころの渡辺節の事務所に仕事を持ってくるクライアントは、ほとんどがゴージャスなものを望んだのでしょう。それに応えるのが建築家の仕事になっていたんだと思います。

　それと、村野の設計で橿原神宮駅(1940年、244ページ)というのがありますよね。あれは、丹下健三が大東亜建設営造計画のコンペの1等案(1942年、実現せず)で意識していたんじゃないかと私は思っています。

　橿原神宮駅からなんですよ。「千木」や「かつお木」を載せない神明造風の屋根を巨大化させるという手法は。丹下健三が前川國男を乗り越えようと考えるときに、あれをヒントにしたんじゃないかと思っています。
磯｜なるほど。大東亜コンペの時点で橿原神宮駅はできていますからね。
井｜その橿原神宮駅を実際に設計した村野藤吾は、大東亜コンペの審査員でもありました。

　長谷川堯さん(建築史家で村野藤吾に詳しい)は、丹下健三と村野藤吾を「早稲田と東大」で真っ二つに分けるんだけど、若いころの丹下健三は、むしろ

村野藤吾が設計した橿原神宮駅（1940年、244ページ）

村野藤吾に憧れていたと思います。村野が設計した宇部市渡辺翁記念会館（1937年、224ページ）に丹下健三がすっかり参っていたという話を浜口隆一（建築史家、1916−95年）が何かに書いていました。村野藤吾には丹下さんをはじめとして、あの時代の建築家たちに結構憧れられている部分があった。

磯｜だとすると、広島の聖堂のコンペ（広島平和記念カトリック聖堂建築競技設計、1948年）で、丹下が審査員である村野に落とされても、そんなに悔しくはなかったということですかね。

井｜それは悔しいと思うよ。それは別問題だと思う（笑）。

総括──プレモダン建築の楽しみ方

──いい感じで10人並びました。この時代の建築家について語ってみて、建築に詳しくない人に「こんなところを見て面白がってほしい」というアドバイスはありませんか。

井｜アドバイスとは逆になるけれど、私は大学の3年生のときに初めてベネチア、フィレンツェ、ローマを見て、日本の明治建築には意味がないと思いました（笑）。

その当時、日本では明治建築の保存運動とかが始まっていたんですが、世界史的にはあまり意味のない運動だなと。明治村に意味がないとは思いませんし、日本近代の若いころを振り返る意味で街にあっていいと思うけれど、世界史的にはあまり意味がない。フィレンツェの市役所なんて鎌倉時代の建物なんですよ。そこでいまだに市の職員が書類をつくっている。金閣寺や銀閣寺には触れないじゃないですか。すごいなと思いました。とうてい日本ではこれは成り立たないだろうなと。

ヨーロッパのルネサンス以降の建物は本当に立派で、それと比べると明治、大正期の日本の建物に、私は切なさを感じます。でもその切なさをかみしめる意味でも残しておいてくれるのは悪いことではない（笑）。

磯｜それについては、確かにヨーロッパにある、きちんとした歴史を経た建築と比べると、日本の建物はフェイクでしかないかもしれません。でも、それはそれで味わいがあると僕は思っています。ベースボールと野球が違うみたいな話で、日本の野球に

は野球の面白さがある。

　野球というスポーツが世界中に広まっていく、その中でどういうふうに、それぞれの国で野球がローカライズされていくかに面白さがある。同じように建築も、世界中にヨーロッパ風の建築のつくり方が広まってきて、そのなかでの差を見るのが面白い。

井｜なるほど。今言ったのとちょっと違う話になるけれど、建築の勉強をしてしまうと、プレモダンの様式建築と、モダンデザインを全然違うものとして分けてしまうじゃないですか。だけどね、僕は日本ではほぼ同じだと思います。

　木造の平屋や2階が並ぶところに、4階建て、5階建ての石造や、れんが造の建物ができると、街並みから際立つんですね。だから、明治時代の人にはあれがポンピドー・センターのように見えたと思います(笑)。モダンデザインが人民に与えたショックを、日本ではヨーロッパに先駆けて教えられているんです。

磯｜なるほど。日本は明治維新のときに異質な建築に慣れていたからモダンデザインが受け入れやすかったと。

井｜周囲に対して違和感を持った建物が、明治日本では輝いて見えたんですよ。だから、違和感を持たせることがむしろ正当化され、なじんだ。その延長上に、世界に羽ばたいている今の日本のアーキテクトたちがいらっしゃるのではないかなと。

磯｜じゃあ、隈研吾さんや妹島和世さんはコンドルに感謝しなくちゃいけない。

井｜そう、彼らもその延長上にあると思います。プレモダンと今の建築は切れてはいない。

磯｜それは納得のいく話ですね。

井｜そうですか、納得がいかないような話もいっぱいしましたが(笑)。

――まとめとして良いお話でした。本日はありがとうございました！

・やっぱり外せないこの3人・

11 フランク・ロイド・ライト
Frank Lloyd Wright
1867年-1959年

帝国ホテルを手掛けた巨匠
米国・ウィスコンシン州の生まれで、シカゴのサリヴァン事務所などで働いた後に、自らの事務所を設立する。独立初期は、プレイリー・ハウスと呼ばれる水平性を強調した邸宅の設計で名を馳せた。女性絡みのスキャンダルで仕事が途断えた時期に、日本から帝国ホテルの設計を依頼され、これに応じる。併せて日本では、山邑邸(ヨドコウ迎賓館)や自由学園明日館などを実現させた。その後、米国で再び設計活動を盛んに行い、落水荘、ジョンソン・ワックス本社、グッゲンハイム美術館などを設計する。「有機的建築」を標榜する作品群は、流れるように連続する空間と大胆な造形性に特徴を持つ。近代建築の三大巨匠として名前が上がる建築家の1人。

・やっぱり外せないこの3人・

12 ウイリアム・メレル・ヴォーリズ
William Merrell Vories
1880年-1964年

日本に帰化した伝道者兼建築家
米国・コロラド大学の哲学科を出た後、キリスト教団体YMCAの活動で来日。滋賀県近江八幡で英語教師となる。その職を失うと、医薬品メンソレータムの販売事業を行う傍ら、もともと憧れていた建築設計の仕事を共同者とともに行うようになる。日本各地で教会や、それに関連した学校の設計を多く手掛けた。代表作に、日本基督教団大阪教会、関西学院大学、神戸女学院、大丸心斎橋店がある。またキリスト教伝道者として慈善事業に熱心に取り組み、結核療養所や幼稚園など慈善事業にも取り組んだ。日本人、一柳満喜子と結婚。米国との戦争が始まっても日本を去らず、「一柳米来留(ひとつやなぎめれる)」の名前で帰化した。

・やっぱり外せないこの3人・

13 アントニン・レーモンド
Antonin Raymond
1888年-1976年

コンクリート打ち放しの構造美
チェコ生まれ。パリのオーギュスト・ペレ事務所を経て米国に渡り、フランク・ロイド・ライトに出会う。帝国ホテルの設計監理者として来日するが、完成前にライトの下を去り、日本で設計事務所を開設。東京女子大学、星薬科大学などを設計する。太平洋戦争の開戦で米国へ帰るが、終戦後に再来日。リーダーズダイジェスト日本支社、群馬音楽センター、聖アンセルモ教会、新発田カトリック教会、南山大学など、多くの建築を設計する。コンクリート打ち放しの構造美を見せた建築を代表作とする一方で、屋根の木造架構を現した小規模な教会も多く手掛けた。その事務所からは前川國男、吉村順三、増沢洵ら、日本の戦後建築界を担った建築家が巣立った。

1 明治期

1868-1912

明治維新を果たした新政府は、
殖産興業を旗印に近代化を進めようとする。
そのために必要なのは西洋の技術。
建築もまた急速に取り入れられた。
当初は、大工の棟梁が西洋建築を見よう見まねでつくっていたが、
英国から教師を招いて建築家の育成も図り、
辰野金吾、片山東熊をはじめとする若き建築家たちが次々と巣立っていく。
彼らはまたイギリス、フランス、ドイツなどへ出向いて、
自らの目で学ぶことにより、歴史主義の様式を巧みに吸収して、
庁舎や銀行などを建てていった。
一方で、工場や駅舎などの産業施設では、
機能や性能を重視した建築もつくられていく。

028	1	**富岡製糸場** 1872	
034	2	**旧済生館本館**［現・山形市郷土館］1878	
040	3	**旧札幌農学校演武場**［現・札幌市時計台］1878	───寄り道
042	4	**手宮機関車庫3号** 1885	
048	5	**道後温泉本館** 1894	
054	6	**京都国立博物館** 1895	
060	7	**旧岩崎久彌邸** 1896	
066	8	**日本銀行本店本館** 1896	
072	9	**大阪図書館**［現・大阪府立中之島図書館］1904	───寄り道
074	10	**旧日本郵船小樽支店** 1906	───寄り道
076	11	**旧津島家住宅**［現・斜陽館］1907	
082	12	**浜寺公園駅** 1907	───寄り道
084	13	**旧東宮御所**［現・迎賓館赤坂離宮］1909	
092	14	**旧松本家住宅** 1910	───寄り道
094	15	**日本銀行旧小樽支店**［現・金融資料館］1912	───寄り道
096	16	**網走監獄 五翼放射状平屋舎房** 1912	

1872 明治5年

壁と柱のハイブリッド

富岡製糸場

オーギュスト・バスティアン

群馬県

所在地:群馬県富岡市富岡1-1 | 交通:上信電鉄・上州富岡駅から徒歩15分
指定:世界遺産、国宝、重要文化財

航空写真:群馬県

富岡製糸場は、明治の新政府が輸出品となる生糸の生産を全国で展開するためにまず建設したモデル工場である。西洋式の製糸機械を導入した工場づくりのために、政府は横浜にいたフランス人のポール・ブリュナを雇う。当時30歳という若さだった。

　ブリュナは工場の敷地選びから関わった。原料の入手しやすさと、広い敷地を得られることから、上州の富岡が選ばれたのであった。

　工場は1872年から創業を開始。製品の質は海外でも高く評価されたが、経営的には苦しい状況だったという。1893年には三井家に払い下げられ、さらに1902年には原合名会社へと所有者が変わる。そして1939年からは片倉製糸紡績株式会社が受け継ぎ、1987年まで操業した後、富岡市に譲渡された。

評価高まり世界遺産に

　2005年には、敷地の一部の建物で一般公開をスタート。同じ頃から国の史跡、国の重要文化財など次々に指定され、その評価は急速に高まっていく。

　そして2014年、養蚕農家の田島弥平旧宅（伊勢崎市）や養蚕教育機関の高山社（藤岡市）などと合わせて、ユネスコの世界遺産に正式登録された。

　ちなみに工場が世界遺産に登録された例には、ダーウェント峡谷の工場群（英国）やフェルクリンゲン製鉄所（ドイツ）、グロピウスが設計したファグスの靴工場（同）などがある。富岡製糸場は、日本の工場建築としては初めての登録となる。

　さらに同年には、敷地内にある主要な建物3棟が国宝に指定された。

構造は木骨レンガ造

　敷地のなかには繰糸場、東西2つの繭倉庫のほか、ブリュナの居館だった建物や女工の宿舎だった建物などが残っている。

　長さ140mにも及ぶ繰糸場に入ると、その内部は小屋組みの下に一本の柱もなく非常に見通しがよい。そして大きなガラスの高窓から入る光で明るい。全国から集まった女工たちにも、この空間は近代という新しい時代の到来を実感させたことだろう。英国では1851年の第1回万国博覧会で既にクリスタルパレスが実現しているが、日本ではこのように自然光が入り込む明るい内部空間はかつて存在しなかった。

　富岡製糸場の様々な建物を設計したのはフランス人のオーギュスト・バスティアンだ。横須賀製鉄所の製図職工として来日していた人物で、ブリュナの依頼を受けて富岡製糸場でも設計図を引いた

A 東繭倉庫の外観。木材の骨組みの間にレンガが積まれている | **B** 東繭倉庫のアーチのキーストーンには「明治五年」の文字 | **C** 繰糸場の妻面 | **D** 繰糸場はトラスを使った無柱空間 | **E** 現存する煙突は1939年に建造されたもので鉄筋コンクリート造 | **F** 西繭倉庫。2階にはバルコニー | **G** 東繭倉庫内の一部は展示室になっている［撮影協力：富岡製糸場］

とされる。

　建築の特徴はまず木骨レンガ造であること。これはスギ材を柱梁として構造を組み、その間の壁部にレンガを積んで埋めていくという構造だ。

　レンガの積み方は、レンガの長手面と短手面を交互に見せるように積んでいくフランドル積み（フランス積みとも呼ぶ）が採られた。また、小屋の組み方は西洋式のトラス工法を用いている。そのほか、鉄のサッシや回転窓、部材の連結に用いたボルトナットなど、西洋の新しい材料がいろいろと導入された。

　なぜ単純にレンガ造としなかったのか。おそらく、地震の多い日本ではレンガ積みの構造では持たないと判断したのだろう。それで変形にも追従できる木造の軸組みで構造を持たせることにしたのだ。

　この構造方式がバスティアンによって主体的に選び取られたのか、それとも無名の日本人技術者による強い働きかけがあったのか。おそらく後者だったろうと推測できるのだが、その辺りははっきりとしない。もしタイムマシンでもあれば、そこで交わされた会話を盗み聞きしてみたいものである。

日本と西洋のスタイルを接続

　というのも、その後、幾度となく繰り返される日本建築界の大テーマが、既にここで表れているからだ。

　壁の仕上げ方には大きく分けて2種類がある。1つは柱を外側に表した真壁であり、もう1つは柱を壁体の内部に隠した大壁である。

　日本の建築は圧倒的に真壁が主流だ。神社も寺院も民家も大抵がこの壁のつくり方を採っている。大壁の方は、日本の建築では土蔵や城郭など、特殊な建築に見られるだけだ。一方、西洋で建てられてきた石造やレンガ造の建物では大壁が一般的な壁の在り方である。

　つまり、富岡製糸場に見られる木骨レンガ造の壁は、レンガという西洋由来の材料を使用していながらも、日本の伝統に根差した真壁の方式が採られたというわけだ。

　ここで思い出されるのは、吉田五十八のことである。吉田はモダニズムの主流期に現代的な和風建築に取り組んだ建築家だが、その手法として採ったのは和風建築への大壁の採用だった。これは富岡製糸場と全く逆のことを行っているのだが、目指すところは同じだったのではないか。

　西洋から入ってきた新しいスタイルと日本の伝統的な建築スタイルをいかに接続するのか。その問題に、明治維新を経てほどないころの建築家たちも取り組んでいたのである。

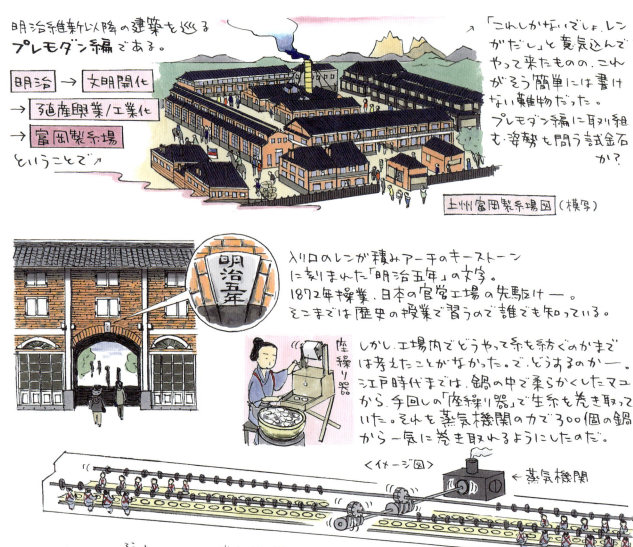

明治期 1868−1912 ｜ 大正期 1912−1926 ｜ 昭和期 1926−1942

展示コーナーで基礎知識を得た後で繰糸場の中に入る。木のトラスの小屋組みが天井に果てしなく連続する。屋根のトラス小屋組みは日本で最初期のものだ。

東西両サイドのガラスから光が入り、明るい。

そもそもガラスというものが当時の日本にはなく、フランスから輸入した。サッシはスチール製だ。

操業時は越屋根の下部からも光が入った。

空間としては素晴らしいはずなのだが、「あれ、何か違うぞ」と感じてしまうのは、頭の中に当初のレトロな繰糸機が並ぶイメージがあるからだ。

←こんな。

でも実際は

そこに並んでいるのは、昭和60年代の閉鎖前に使われていた機械。

そう、この工場 "遠い過去の遺構" のように感じてしまうが、実際は筆者が小学校の授業で学んでいたときには "現役" だったのだ。

すごい！115年

1872 操業開始
1893 民間払い下げ。三井家に
1902 三井家→原合名会社
1939 原合名会社→片倉製糸紡績
1987 操業停止

過去は「点」ではなく「線」なのだ（時には「面」でもある）。それを伝える難しさについて改めて考えさせられたプレモダン編第1回であった。

あぁ、肝心のレンガについて書くスペースが…。レンガ建築はこれから続々と登場するので、詳しくはそのときに。

〈木骨レンガ造〉

〈フランス積み〉

革命時代の純粋幾何学

● 明治11年 ●
1878

旧済生館本館［現・山形市郷土館］

所在地：山形市霞城町1-1｜交通：JR山形駅下車、徒歩15分
指定：重要文化財

筒井明俊

 山形県

山形駅の西口方面に出て10分ほど歩くと、霞城公園に着く。お堀に囲まれたこのエリアは山形城があったところで、現在は体育館、武道館、博物館などが集まっている。その一角にあるのが、かつての済生館本館だ。

　この建物は明治11年（1878年）に県立病院として完成した。オーストリア人の医師、ローレツ博士が教頭として着任し、多くの医療従事者を育てる役割も果たした。

　民営だった時期を経て、明治37年には山形市立病院へと変わる。もともとは東に800mほど離れた七日町（現在の市立病院済生館があるところ）にあったが、昭和42年（1967年）、現在の場所へ移築された。改修されていた部分をもとの姿に復元したうえで、山形市郷土館へと機能を変え、今に至っている。

　近づいていくとまず3層の塔が目に入る。その下にはかつての玄関があるが、こちらは現在、閉じられていて、入り口は建物を回り込んだ反対側に付け替えられている。

　建物に入ると、すぐに円形の中庭が見える。それを囲んで平屋の建物がぐるりと巡る。正確に言うと14角形で、その周りに合計8室の部屋が並ぶ。ここでは主に、この建物で教えていた医学についての展示を行っている。

　回廊の北端に位置する塔は、2階が郷土資料の展示室となっている。そこから先は、通常は上がれないのだが、今回の取材では特別に許可をもらった。2階かららせん階段を上り、中3階を経て最上階へ。八角形平面の小さな部屋で、バルコニーへと出られるようになっている。公園の景色を見晴らせるのだが、明治の頃にはここから県庁舎（明治44年に焼失、建て替えられて現在の山形県郷土館に）、警察署、師範学校、銀行などが立ち並ぶ官庁街が見えたはずだ。さぞや壮麗な眺めだっただろう。

和洋が混在する擬洋風建築

　この官庁街を整備したのが、初代山形県令の三島通庸だった。県令とは今の知事にあたる役職である。三島は薩摩藩の出身で、宮崎県都城での地頭職から、東京府参事、山形県令、福島県令、栃木県令、警視総監などを歴任した。各地で都市や道路の開発整備を行って「土木県令」の異名をとったが、その際には住民に厳しい労役や税金を課したので「鬼県令」とも呼ばれている。

　済生館本館も三島が建てさせたもの。図面を引いたのは、山形県の役人で後に済生館の館長となる筒井明俊だが、建築史家の藤森照信は、

A 玄関側の見上げ。西洋建築風の柱が軒を支える｜**B** 14角形の平面を持つ平屋部を東側から見る｜**C** 中庭をぐるりと囲む14角形の回廊｜**D** 三層楼の最上階にあるベランダ｜**E** 最上階のベランダ（一般公開はしていない）から回廊を見下ろす｜**F** 2階の展示室。ここは16角形の平面になっている｜**G** 2階へと上がる階段は折れ曲がりながらつながっていく｜**H** 三層楼の途中にある中3階のホール。窓に色ガラスがはめられている

三島本人が建物のデザイン面にも深く関わったはず、と推測している(『日本の近代建築』)。施工は、銀座のれんが街建設に携わった原口祐之が棟梁として指揮した。

外観上の特徴は壁の下見板張だ。それだけでなく、フルーティング(縦溝)が施された玄関ポーチの円柱、とっくりをつないだような手すり、階段室のステンドグラスなど、西洋建築からのあからさまな影響をこの建物には見ることができる。しかしよく見ると、階段の側桁や軒下に見られる雲型の装飾などには和風建築のモチーフも現れている。西洋建築の様式を見よう見まねで取り入れながらも、和風が混在したこの時代の建物を擬洋風建築と呼ぶが、この建物はその代表作としてしばしば挙げられている。

過去からの断絶

一方、平面における特徴は、先に触れたとおりドーナツのような円形を採用したことである。こんな平面は、他の擬洋風建築にも例がない。ただし元ネタはあったようで、横浜にあったイギリス海軍病院を参考にしたとされている。確かにイギリス海軍病院は、運動場を囲んで円弧の形に部屋が並んでいるが、一部が欠けていて、円が閉じない。

完全な円形をした病院としては、フランスで1774年に医師のプティが発表した新パリ市立病院の案がある。実現はしなかったが、こちらは放射状に延びる6棟が外側で円形の回廊につながるというもの。中央には円すい状の塔が立ち、これは病院の衛生に重要な換気の機能も果たすと期待されていたという。円と塔の組み合わせは、済生館本館に似ている。

18世紀のフランスでは、新パリ市立病院の案以外にも、円、球、四角すいなどといった純粋幾何学形態をとった建築の構想が相次いで出されていた。クロード・ニコラ・ルドゥーの「ショーの理想都市」、エティエンヌ・ルイ・ブレーの「ニュートン記念堂」などがそれに当たる。過去の様式と断絶し、理性によって生まれる新しい形の建築を志向する彼らを、建築史家のエミール・カウフマンは「革命的建築家」と呼び、近代建築を先駆けるものとして評価した。フランス革命の時代に、建築デザインにおける革命を起こそうともくろんだのである。

済生館本館も、日本史上の革命とも言うべき明治維新の直後に竣工している。革命の時代に生まれた純粋幾何学の建築。これは100年後、極東の地に現れたもうひとつの革命的建築なのだ。

擬洋風建築のなかでも「最高傑作」の呼び声が高い済生館本館。初代山形県令（県知事）三島通庸の命により、宮大工を総動員して7カ月の工期で落成した。竣工当初（1878年）は、山形市七日町（現・市立病院済生館）にあったが、1968年に霞城公園内に移築された。肌色と緑の対比が美しい。

← 実は「擬洋風」を検索して初めて知った。

おっ、いい感じ

「擬洋風」というと、モノマネを連想させるが、この建築はそんなにンパな次元ではない。

ドラマチック！

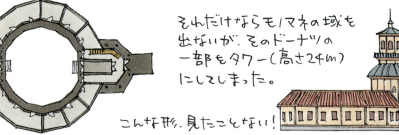

1階は中庭を取り囲むドーナツ状平面（十四角形）。これは当時、横浜にあったイギリス海軍病院を参考にしたと考えられている。

それだけならモノマネの域を出ないが、そのドーナツの一部をタワー（高さ24m）にしてしまった。

こんな形、見たことない！

1878

明治11年

寄り道

旧札幌農学校演武場[現・札幌市時計台]

当時最先端のハイブリッド

所在地：札幌市中央区北1条西2丁目
交通：市営地下鉄・大通駅から徒歩5分
指定：重要文化財

安達喜幸[開拓使工業局]

北海道

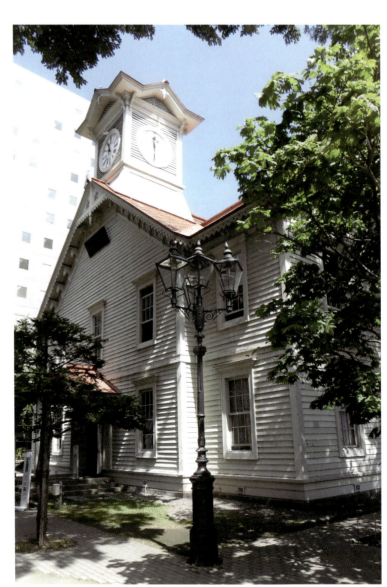

建築好きはぜひ2階へ。鉄の丸棒で小屋組みの開きを抑え、それを視覚的ポイントにもするハイブリッド構造。今っぽいデザインにびっくり

札幌市時計台は"日本3大がっかり名所"に挙げられることもあるそうだが、私にはそんなふうには思えない。

外観を見て「こんなもん?」と思った人は、ちゃんと入館料を払って2階に上ってみてほしい。そこには、予想外の大空間が広がる。

そもそもは"街の時計台"としてではなく、札幌農学校の「演武場」として建てられた。しかも時計塔は竣工から3年後に付けられたという。

↑時計台なし 竣工時

とはいえ、1階の展示がごちゃごちゃしていて、空間の魅力を減じていることは否めない。

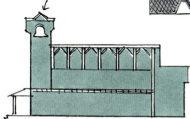
追加した時計塔も含め、設計は安達喜幸(1827-84)が担当した。

小屋組みは、鉄の棒を併用した当時の最先端。
↑タイビーム(鉄)

いっそ、地下に展示空間をつくって(パリのルーブル美術館みたいに…)、地上部はもっとすっきりと空間の良さを見せたらどうでしょう。
こんな→

形態は軌道に従う
手宮機関車庫3号

所在地:北海道小樽市手宮1-3-6 | 交通:JR小樽駅からバス10分
指定:重要文化財

北海道

平井晴二郎

北海道小樽市。町の中心部に運河があって、江戸時代の北前船の時代から海運で栄えた町の印象が強いが、実は小樽は鉄道の歴史的にも重要な町である。

北海道で最初に敷かれた鉄道は、幌内炭鉱から石炭を船で積み出すための官営幌内鉄道で、全線が開通したのは1882年。その終着駅となったのが小樽の手宮駅だった。

手宮駅は1985年に廃止されるが、使われなくなった駅の敷地は小樽市総合博物館となっている。その敷地の一角に、重要文化財の旧手宮鉄道施設がある。

中心に位置するのは転車台だ。転車台とは鉄道車両の向きを変える装置で、桁部を回転させることでそれを行う。かつてはそれぞれの主要駅にあったが、蒸気機関車が姿を消すにつれて、数を減らしていった。

小樽市総合博物館には南側にもう1つ転車台があるが、そちらは小樽築港機関区から移設したもの。一方、中央の転車台はもともとこの場所にあったもので、現存する装置は1919年に横河橋梁製作所が製造したものだという。

転車台に面して出入り口を設けた機関車庫が2棟ある。同様の施設としては、京都の梅小路機関車庫（1914年竣工、現在は京都鉄道博物館）がよく知られるが、あちらは鉄筋コンクリート造。こちらはともにレンガ造で、築年も古い。

特に小さい方の機関車庫3号は1885年の竣工で、現存する日本最古の機関車庫だ。一方、大きい方の機関車庫1号は1908年に竣工。ただし、左側3スパン分は1996年に復元されたものである。

なお、車庫は内部も公開されているが、冬季は閉鎖されるので見に行くときには注意しよう。

機能主義の先駆け

さて転車台の周囲に建てられたこうした車庫を、その平面形から扇形庫（せんけいこ）と呼ぶ。最初の扇形庫は、英国のダービーで1839年につくられたといわれるが、扇形の平面を採った建築はそれ以前にもつくられてきている。例えばローマのサンピエトロ寺院のコロネード（17世紀）がそうだし、古代のギリシャ、ローマの円形劇場や闘技場はスタンド部分を取り出せば扇型だ。中国では扇形を連続させていってリング状にした集合住宅の福建土楼が有名である。

日本ではどうだろう。古い建築を思い返しても、法隆寺の夢殿や根来寺の多宝塔など、八角形や円形の平面を採った建築はあるが、中心が建物

A 機関車庫3号の東側外観｜**B** アーチ窓。壁のレンガはフランス積み｜**C** 内部。床下には点検用ピットが通る｜**D** 機関車庫3号の小屋組み。2009年に鉄骨による構造補強が行われた｜**E** 機関車庫1号の外観。右の2スパン分が当初からのもので、左の3スパンは1996年に復元されたもの｜**F** 機関車庫1号（当初部）の見上げ｜**G** 機関車庫3号の木製扉を開いた状態。夏は機関車を動かす［写真：小樽市総合博物館］

の外側にあるような扇形の建物は思い浮かばない。山形の済生館本館は1階が中庭を囲んだリング状の平面になっているが、これも明治時代になってからの建物である。つまり日本には扇形の建築は伝統的に存在しなかった。

それがどうして手宮駅の機関車庫で生まれたのか。鉄道車両を回転させる転車台は当然、円形の平面となる。そこから延びる線路軌道は放射状に広がるので、それを覆う建物は自然に扇形の平面になる。海外の鉄道施設を参考にしながらも、そうした機能上の理由から、扇形という形は選ばれたのだ。

「形態は機能に従う」。建築におけるモダニズムの理念を表したものとして有名なこの言葉は、米国の建築家ルイス・サリヴァンが言ったとされる。しかし、その機能主義の考え方が明解に伝わるのは、装飾がまだまだ多いサリヴァンのオフィスビルよりも、ドイツの建築家フーゴー・ヘーリングの作品だろう。代表作のガルカウ農場（竣工1922-25年）は、牛のエサやりを合理的に行うために馬蹄形の不思議な平面を採った建物だ。

そうした先鋭的な機能主義の建築の先駆けとして、扇形庫は位置付けるべきものだろう。「形態は軌道に従う」のである。

自在にスタイルを切り替える

旧手宮駅の機関車庫3号を設計した平井晴二郎は、開成学校を経て、第1回の文部省留学生として米国のレンセラー工科大学で学んだエリート。帰国後は北海道開拓使に勤め、技術官僚として鉄道建設の任を担った。後に鉄道院（日本国有鉄道、JRグループの前身）が発足する際には、後藤新平総裁の下で副総裁となり、また貴族院議員も務めている。

興味深いのは、平井は一方で北海道庁の赤レンガ庁舎（1888年竣工）の設計も担当していること。こちらはネオ・バロックの堂々たる様式建築で、機関車庫の機能主義とは正反対のデザインなのである。

土木と建築、技術者と官僚。異なる道を、平井は自分の中に転車台を備えているかのように、切り替えながら進んでいった。そして建築家としては、様式建築と機能主義を自在に使い分けたのである。

どちらが先というわけではなく、新しい建築スタイルが同時に押し寄せ、それが一気に花開いていく。それが明治期の日本建築界の状況だった。レンガ造の扇形庫と、その設計者について調べていくうちに、そんなことを考えた。

手宮機関庫は現存する日本最古のレンガ造機関庫である。
といっても、鉄道ファンではないので、正直、それほど期待していなかった。
しかし、実物を見たら、「これは建築的に面白いっ！」
自信を持って言う。小樽に行くなら見るべし！

機関車庫1号
1908年ごろ竣工

転車台
1919年竣工

機関車庫3号
名前は3号だけど
こっちの方が古くて
1885年竣工。

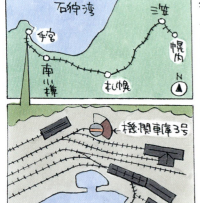

石狩湾　海
手宮　　幌内
南小樽　札幌

機関車庫3号
桟橋

手宮停車場は1880年、札幌－手宮間で開通した「幌内鉄道」の西の起点。82年に札幌から幌内まで線路が延び、幌内の石炭を手宮桟橋から海上輸送できるようになった。

停車場内に設けられた機関庫は、転車台で車体の向きを変えて収納し、メンテナンスするためのものだ。

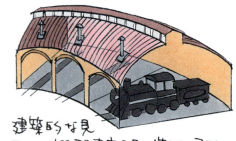

建築的な見所は、機関車庫3号の造形。弓形の平面にアーチ状の屋根が載っている。しかも越屋根付き。これは簡単そうで難しい！

◀波板屋根の納まりがざっくりしていて笑える。

明治期 1868-1912 ｜ 大正期 1912-1926 ｜ 昭和期 1926-1942　　　　　　　　　　　　　　　　　　047

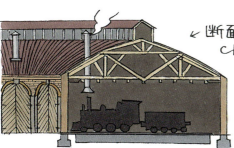

←断面はこんな感じ。これが放射状に広がる。
CADもBIMもない時代に、よくこんな形、つくろうと思ったなぁ。

木造の架構が弓形に連続するさまは、高知の牧野富太郎記念館をほうふつとさせる。

設計：内藤廣
1999年竣工 ▶

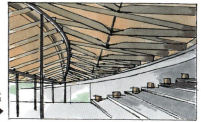

設計者の平井晴二郎は、この形を放射状に連続させたかったはず。しかし、数年後、木造車庫が増築され…　　さらに、十数年後、現・車庫1号が増築された。

アーチではなく、切妻。
（現存せず）

思惑通りに進まないもどか

機関車庫1号は、レンガ造ではあるものの、屋根の形は片流れに変更された。これは、雪を転車台側に落とさないためだ。

そりゃそうだ。

↑雪ドッサリ

でも、平井だってそんなことくらい分かっていたはず。それでも"いかにも西洋っぽい"アーチがどうしても実現したかったのだろう。

しさ。それも含めて「建築」なのだ。

設計者の当初の意をくんで、1号-3号の間もガラス屋根でつないでほしい！ BIMの力の見せ所では？

ひねり！

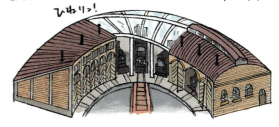

1894
明治27年

「小説」としての建築

坂本又八郎

道後温泉本館

所在地：松山市道後湯之町5-6｜交通：伊予鉄道市内電車道後温泉駅から徒歩5分
指定：重要文化財

松山の市電を終点で下車。アーケードの商店街を抜けると、開けた広場に出る。そこに堂々たる姿を見せているのが、現在も道後温泉の外湯としてたくさんの人を集める道後温泉本館だ。

西側正面は豪快な唐破風を載せた入り口が中央にあるが、立面は左右非対称。北側に回ると、障子張りの建具で覆われた開放的なファサードで、屋根からは櫓(やぐら)が突き出ている。さらに東側へ移れば、今度は銅板でふいた破風が幾重に連なって、格の高さを見せつける。

方位によって意匠が全く異なる理由は、長期にわたって段階的につくられたからだ。北側の神の湯本館が一番古くて、1894年の完成。続いて東側の又新殿(ゆうしんでん)と霊(たま)の湯が1899年に完成する。南側は養生湯という別の外湯があったところで、1924年に建て替えられた。10年後に、西側の玄関棟が別の場所から移築され、ほぼ現在の姿となる。

建物の大半を設計したのは、松山城の城大工だった坂本又八郎だ。屋根裏をのぞくと、洋小屋のトラスが入っており、当時の新工法が採り入れられたことが分かる。外観上は和風だが、これもまた近代建築なのだ。

現在の道後温泉本館には神の湯、霊の湯の2種類の浴場と、それぞれの休憩室、そして又新殿という皇室専用の浴室がある。

奇妙なのは神の湯で、男子の浴場は脱衣所が1つで浴室が2つ。一方、女子の浴場は、浴室は1つなのに脱衣所が2つに分かれている。実は男子浴室が当初の神の湯の男女浴室で、女子浴室は養生湯の男女浴室だった。神の湯の脱衣所と養生湯の浴室で、それぞれ間仕切りを外して、神の湯を男子浴場に、養生湯を女子浴場に変えたというわけである。増改築で生まれた迷宮のような平面だが、それがまた魅力となっている。

「坊っちゃん泳ぐべからず」

この建物を竣工直後に訪れていたのが夏目漱石である。代表作のひとつ「坊っちゃん」に、その描写がある。

松山を舞台とする「坊っちゃん」の主人公は、作者と同じく東京からこの地に赴任した教師だ。道後温泉は住田という地名で登場し、そこへ西洋手ぬぐいをぶら下げて毎日、通っている。

主人公は基本的に松山を田舎の町と見下しているのだが、「ほかの所は何を見ても東京の足元にも及ばないが温泉だけは立派なものだ」と高く評価している。なかなかなじめない赴任先で、故郷のようにくつろげる場所がこの建物だった、とも読める。

A 南東側全景。左の南棟は1924年、右の又新殿・霊の湯棟は1899年竣工｜B 北側に位置する神の湯本館の夜景。この部分が一番古く1894年の竣工｜C 神の湯の男子浴室は2つある。こちらは東側の浴室で当初の湯釜が残る｜D 2階の神の湯休憩室｜E 欄干の装飾も湧き出るお湯がモチーフになっている｜F 神の湯本館の上に突き出た振鷺閣。屋根にはシラサギのオブジェが載っている｜G「湯玉」をかたどった鬼瓦｜H 皇室専用である又新殿の玉座の間

傑作なのが浴室でのエピソードで、ほかに人がいないのを見計らって湯船で泳いでいたら、どうやら見られていたらしく、翌日に行くと「湯の中で泳ぐべからず」との注意書きが張られていたという。これを受けて、実際の神の湯の男子浴室にも、同じ文句が書かれた札がかかっている。漱石が入浴した時の気分を追体験できるような仕掛けでうれしい。

建築家になれなかった小説家

　ところで漱石は、実は建築家になることを夢見ていた。そのことは「落第」という随筆（1906年）で明かされている。自分のような変人でも仕事としてやっていけるのが建築家だから、というのが志望の理由。ピラミッドでもつくるようなつもりだったが、友人から「日本では文学の方が後世に作品を遺せる」と忠告されて、そちらに転身したという。

　しかし、漱石は、文学において建築家を志した、とも解釈することができる。

　松山や熊本での教師生活の後、漱石は政府の派遣で英国に留学する。建築家で言えば、辰野金吾の英国留学に比すべきものだ。辰野は帰国して、日本銀行本店や東京駅といった国家的プロジェクトを手掛ける。同じ役割を文学で果たすことを、漱石は求められていたのである。

　ロンドンで漱石は「文学論」の執筆に取り組む。それは科学的といえるまでに精緻な分析を積み上げた本格的な評論だった。石造の建物群に囲まれながら、西洋の様式建築のように立派で確固たる文学の大伽藍をつくろうとしたのだ。しかし漱石はこれを完成できないまま、メンタル面を患って、途中帰国を余儀なくされる。

　日本に戻って漱石が著したのは「小説」である。小説とは、天下国家を論じる「大説」に対して、風俗、流行、市井の小事件を扱うものだ。そのジャンルにおいて、漱石は近代社会に直面する人間の苦悩や葛藤を描いて、文学者として名を成した。

　ここからは推測だが、建築家ではなく小説家になった漱石が、共感をもって接することができたのが、道後温泉本館のような建物だったのではないか。辰野が設計した銀行、駅、公会堂といった建築が「大説」としての建築なのに対し、道後温泉本館は「小説」としての建築である。それは大建築家の手になる崇高さや美しさには欠けるが、雑多な造形の集積による楽しさで満ちている。それが悩める近代人である漱石をも、癒やしたのだ。

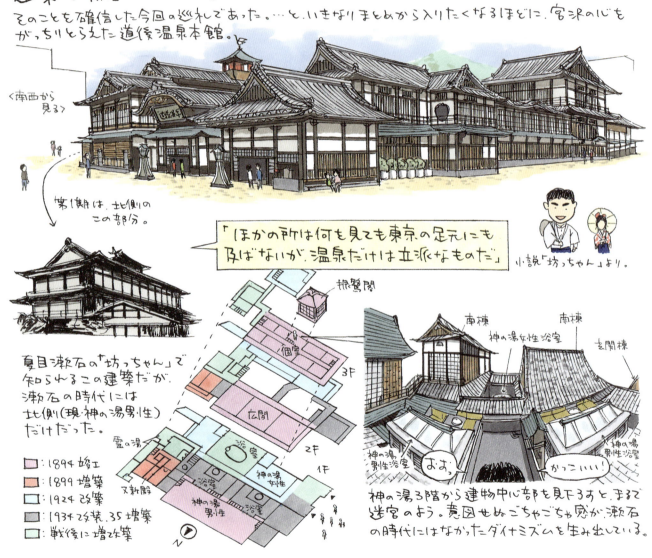

明治期 1868–1912 ｜ 大正期 1912–1926 ｜ 昭和期 1926–1942

入浴だけなら410円。2階広間で休憩してお茶を飲んでも840円。重要文化財なのにリーズナブル！

浴室	神の湯(男･女)	霊の湯(男･女)		
区分	入浴のみ	2階席 貸し浴衣･お茶･せんべい付き	2階席	3階個室
料金	410円	840円	1250円	1550円
営業	6:00～23:00	6:00～22:00		

※2018年3月現在

当初の神の湯浴室は1934年に鉄筋コンクリート造に改修されているが、湯釜(湯の吹き出し口)は漱石の時代のものが今も使われている。

あっ←

←これは、もちろん後世の人が付けたものだが、粋な演出だ。

「坊ちゃん泳ぐべからず。」

入浴の後は2階の広間で休憩。北側の窓は全開放。あー、幸せ…。
120年も前に、こんな付加価値型浴場を考えたのはすごい。
これが道後湯之町初代町長・伊佐庭如矢が強引に進めた公共建築だということにも驚かされる。「100年後までまねのできないものを」と町民の大反対を押し切って建設したという。
大工棟梁・坂本又八郎もグッジョブ！

北側に立つ銅像 伊佐庭如矢

しかし、伊佐庭町長が指揮したのは又新殿(1899年)まで。その後の各時代の建物も、変化に富みつつ、それでいて統一感もあり、実にいい感じ。無名のつくり手たちの"奇跡のコラボ"。

〈南東から見る〉
石畳みの整備は2007年

第1期北側破風　栗ではなく、湯玉。

統一感にひと役買っているのが「湯玉」のモチーフ。「分かりやすさ」って重要だなぁ。

●明治28年●
1895

向かい合う設計と施工の神
京都国立博物館

片山東熊

所在地：京都市東山区茶屋町527 ｜ 交通：京阪電車七条駅下車、徒歩7分
指定：重要文化財

京都府

写真：生田将人

三十三間堂の前でバスを降り、京都国立博物館へと向かう。敷地へ入るのは元来、西側の正門からだったが、現在は南側の門から入るようになっている。南門は、両脇のミュージアムショップやカフェと併せ、谷口吉生の設計で2001年に完成した。同じ設計者により、平常展示館を建て替えた「平成知新館」も、14年9月に開館している。

　南門を入ると、右側に壮麗な建物が見えてくる。今回の巡礼地となる明治古都館だ。この建物は帝国京都博物館本館として明治28年（1895年）に完成。建物はレンガ造の平屋で、フレンチ・バロック様式の壮麗なデザインが特徴だ。中央には大きなドーム、両翼にもそれぞれ小さなドーム屋根が載る。正門の側から眺めると、噴水を手前にし、ロダンの彫刻を中心として左右対称の建物が見えてくる。西洋の宮殿を思い起こさせる強い軸線を持った構成だ。

　内部へと入ろう。中央の玄関ホールから反時計回りで展示室を巡っていく。平面の構成は単純で、ロの字を3つ、つなげたような平面になっている。

　内部の見どころは中央ホールだ。天皇を迎えるための部屋として設けられた大空間で、18本の柱に支えられた折り上げ天井の中心部から光が降り注いでいる。柱のペデスタル（台座）やキャピトル（柱頭）、軒上のアンテフィクサ（軒飾り）など、西洋建築の装飾技法がこれでもかとばかりに用いられていて、時間がたつのも忘れて見入ってしまう。

バリエーションを見せつける

　設計したのは片山東熊。工部大学校でジョサイア・コンドルに建築を学んだ第1期の卒業生で、卒業後は宮内省に勤めて数々の建築を設計した。代表作は東宮御所（現・迎賓館赤坂離宮、1909年竣工）である。

　そのため片山は、宮廷建築家と呼ばれるようにもなる。しかし彼が数多く手掛けたのは、むしろ博物館の方である。宮内省は今の宮内庁に通じるセクションだが、業務範囲は現在と比べて格段に広く、博物館もそのひとつだった。

　明治時代、日本各地にいくつかの博物館が生まれているが、その多くを片山が設計している。京都のこの建物のほか、奈良国立博物館（1894年）、東京国立博物館表慶館（1908年）、神宮徴古館（1911年）などだ。

　それらは大屋根を頂いた玄関部を中心に、そこから両翼を延ばした左右対称の構成は共通するものの、建物を飾り立てる手法はそれぞれに異なる。例えば玄関の上に取り付けられるペディメント（破風）だが、京都国立博物館が通常の三角形な

A 正面から見た外観。この写真の撮影時は屋根の補修工事中で、一部に素屋根が架かる | B 玄関上部のペディメントに刻まれた伎芸天と毘首羯磨 | C 正門も片山東熊の設計 | D 玄関部の付け柱とエンタブラチャー（柱の上部の装飾）| E スレートでふかれた方形ドーム屋根 | F 展示室。かつては上部から自然光が入った | G 列柱に囲まれた中央ホール | H 中央ホールの天井見上げ。よく見ると、柱頭部の渦が通常と逆巻きになっている

のに対し、奈良国立博物館は半円形をつぶした櫛形、神宮徴古館は円形ドームに半円のドーマー窓（戦災で失われ、別の屋根が載っている）、東京国立博物館ではペディメントを付けずに後ろのドームを目立たせる手法となっている。バリエーションの多さを見せつけるかのようだ。

どんな手法でも美しく仕上げてしまう器用さ。その辺りが片山の才能だったのだろう。

設計と施工の神

さて、京都国立博物館のペディメントの中に、面白いものがある。男女2体の彫刻だ。こうした人体を模した建築装飾は、ギリシャやローマの古典建築でも行われている手法だ。一方で、日本にも日光東照宮に代表される彫刻的な建物装飾の豊かな伝統があるわけで、ここに彫られている人物の顔立ちも東洋人風だ。西洋と東洋が、この三角形の中に融合しているようにも見える。

ペディメントの中で向かい合う2人は、博物館のパンフレットによると、仏教世界の美術工芸の神とされる技芸天と毘首羯磨だという。

右側の技芸天は学問や芸術をつかさどる神様とされ、ギリシャ神話のミューズと重ね合わせて語られることも多い。ミューズといえばミュージアムの語源でもあり、博物館の玄関を飾るには、なるほどふさわしい。

左側の毘首羯磨は、インド神話におけるヴィシュヴァカルマンに当たり、神々の武器を製造するとともに天国の宮殿も建てたという。工芸や建築をつかさどる神だ。これもまたこの博物館の象徴として適切である。

ここは建築好きの立場からもう少し深読みしたくなる。2人の像をもう一度見てみよう。技芸天は紙と筆を持っている。一方、毘首羯磨が持っているのはハンマーだ。これは建築における「設計と施工」を象徴しているのではないか。技芸天は建築家であり、毘首羯磨は施工者なのだ。

江戸時代までの建築界は設計と施工が分かれておらず、棟梁が両方を受け持っていた。それが明治期以降、次第に設計と施工を分離する欧米流が普及していく。

片山ら明治の建築家は、日本に新しい建築デザインを採り入れるだけでなく、新しい建設体制も生み出さねばならなかった。この博物館の玄関を飾る装飾彫刻は、そうしたことを図らずも表したものなのである。

建築の「品格」とは何か――。その答えを知りたいなら、京都国立博物館に行くとよい。

現在は新設された南門がメインの入口だが、まずは西門(旧正門)から見るのがオススメだ。本館と同じ片山東熊の設計によるレンガ造の門(これも重文)が出迎える。気分は国賓。

門を入ると「考える人」(ロダン作)の背後に広がるこの立面。"水平の装飾師"片山東熊の本領発揮だ。
← 宮沢が勝手に命名。

様式建築なのに、どこか日本っぽさを感じるのは、平等院鳳凰堂に似ているからでは？

片山は、コンドルが教えた工部大学校造形学科第1期生4人のうちの1人。つまり、辰野金吾の同級生。辰野の東京駅はもっと横長だが、印象は全く違う。立面は横長でも、辰野のディテールは垂直志向でゴツイ。

日本初の建築家4人衆
ジョサイア コンドル 1852-1920
佐立七次郎 1856-1922
曽禰達蔵 1853-1937
片山東熊 1854-1917
辰野金吾 1854-1919

10円玉の刻印をこの建物に変えても誰も気付かないだろう。
けっこういいかも。

TOKYO STATION 1914

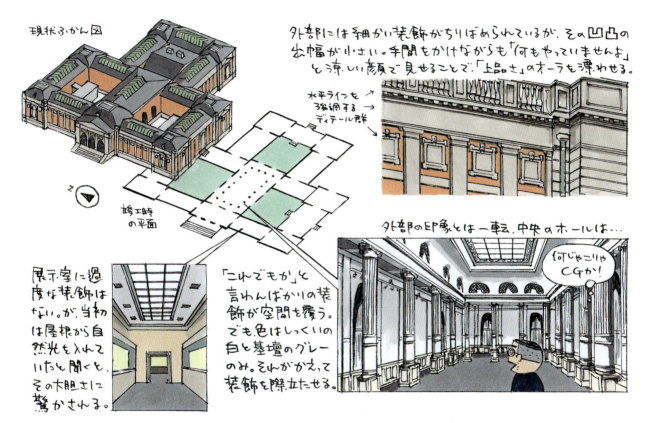

1896 ・明治29年・

紅茶の国から来たオタク

ジョサイア・コンドル

旧岩崎久彌邸

所在地：東京都台東区池之端1-3-45｜交通：東京メトロ千代田線・湯島駅から徒歩3分
指定：重要文化財

東京都

レンガ塀に囲まれた敷地に入り、坂道のアプローチを登り切ると、シュロの木の向こうに、木造2階建ての洋館が見えてくる。北面のファサードは塔を右に寄せた非対称の構成で、窓周りには華麗な装飾が施されている。この建物が岩崎久彌邸の洋館だ。久彌は三菱財閥の3代目で、創業者である彌太郎の息子である。

洋館は主に接客のために用いられ、日常の生活は西側に隣接する和館の方で営まれたという。

正面玄関から洋館に入ると、1階、2階ともホールを中心として、食堂、集会室、客室、書斎などの部屋が並ぶ。壁、天井の仕上げやデザインは部屋ごとに異なっており、どこをとっても見どころがある。階段の周りは特に凝っていて、柱には植物をモチーフにした華麗な装飾が施されている。こうしたデザインは、英国で17世紀前半にはやったジャコビアン様式を採り入れたものといわれる。

もっともこの建物を何様式と特定するかは難題で、ベランダがついているあたりはコロニアルだし、内部の意匠にはルネサンスやイスラムも採り入れられている。東側に併設された撞球室は、米国木造ゴシックの流れが指摘され、設計者自身はスイスの山小屋風と表現している。古今東西の様々な様式がミックスされているのだ。

日本好きなオタク青年

設計を担当したのは、日本近代建築の父とも母ともいわれるジョサイア・コンドルだ。1852年、ロンドンに生まれている。

日本に来たのは1877年。彼が24歳の時である。王立建築家協会コンペにカントリーハウスの設計案で1等賞を獲得して将来を有望視されてはいたが、所詮は設計事務所に勤め始めたばかりの建築家の卵。そんな若者を、大胆にも明治の新政府は教師として工部大学校（現在の東京大学工学部）へ招く。

呼ばれて行く方にとっても勇断だろう。高額の給料が約束されているとはいえ、地球の反対側にある文化の異なる国で、仕事をしなければならないのだ。

もっとも、コンドルを日本行きへと駆り立てる理由もあった。万国博覧会などをきっかけとして、ロンドンでは絵画や工芸など日本文化に対する関心が高まっており、コンドルもそれにはまっていたからだ。現在の状況に例えるなら、日本のアニメを見てファンになった、オタク青年みたいなものかもしれない。

コンドルは教師としては優秀で、数多くの建築家を育て上げた。東京駅の辰野金吾、東宮御所

A 洋館の東側外観。1階のサンルームは1910年ごろに増築された | B 洋館のベランダを見上げる | C 庭から和館を見る | D 大階段の柱にはジャコビアン様式の装飾 | E 金唐革紙を張った2階客室の壁。金色の模様にはレリーフのような立体感がある | F 1階婦人客室。天井はシルク布張り | G 撞球室の内部 | H 洋館と撞球室を結ぶ地下通路。壁と天井が白いタイル張り（非公開）

（迎賓館赤坂離宮）の片山東熊、慶応大学図書館の曽禰達蔵、日本郵船小樽支店の佐立七次郎、神戸地裁の河合浩蔵など、そうそうたる名前が門下生リストには連なる。

一方、明治政府から依頼されて、鹿鳴館（1883年）などの設計も行った。また、日本文化への傾倒ぶりもただならぬものがあって、画家の河鍋暁斎に弟子入りまでしてしまう。

コンドルは官職を解かれるといったんは帰英するが、すぐに日本に戻り、この国で一生を終えた。

もし英国へ帰っていたら

さて近代日本建築の歴史において大きな足跡を残したコンドルだが、世界の建築史の中ではどのように位置付けられるだろうか。

コンドルが建築を学んだころ、ヨーロッパの建築デザインを席巻していたのは歴史主義である。「古代からバロックに至るまでのあらゆる歴史的様式が使用され、更にヨーロッパ以外のエジプト、メソポタミアからインド、中国、日本、果てはイスラムの建築様式までも取り込まれていった」（フリッツ・バウムガルト著「西洋建築様式史」鹿島出版会刊）

そんな時代に日本を訪れたコンドルは、鹿鳴館の設計でも、西洋建築に異国の様式を混ぜることを考えた。日本大好きな彼のことである。その際にまず思い浮かべたのは、日本建築を参照することだったのではないか。

しかしそれは無理である。なぜなら建築主は日本政府。日本は参照される側ではなく、参照する側なのだ。それでコンドルは、鹿鳴館にイスラム様式を採り入れた。結果的にこれは不評を買うこととなるのだが、本人にとっても不本意だったに違いない。

岩崎久彌邸では、そうした悩みからは解放されていたように見える。設計において"日本"をどう取り入れるかの問題は、併設されている和館に任せてしまえばいい。コンドルにとっては気が楽だ。だからこそ伸び伸びと、日本以外の世界の様々な様式をミックスすることができたのだ。

もし、コンドルが日本から帰国した後、英国で活動していたらどんな建築をつくっていただろう。日本で身に付けた美意識に基づいた、新しい建築スタイルを生み出した可能性もあるのではないか。19世紀末のスコットランドで活躍したチャールズ・レニー・マッキントッシュの作品には、ほのかに日本的な感性が漂うとされるが、それに先駆けたプレモダンの傑作を、コンドルが実現していたのかもしれない。

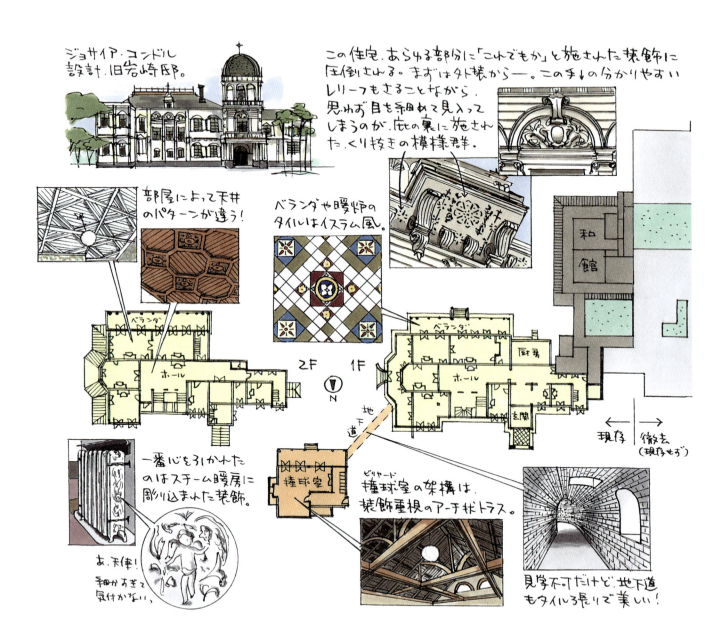

明治期 1868−1912 | 大正期 1912−1926 | 昭和期 1926−1942

065

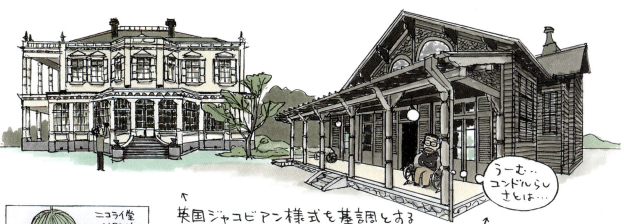

うーむ…
コンドルらしさとは…

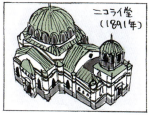

ニコライ堂
(1891年)

英国ジャコビアン様式を基調とする
洋館と、米国木造ゴシックの流れをくんだ撞球室－。
普通ならクセとか偏執的なこだわりとか、共通項が見えるものだが
それが全く見えてこない。コンドルらしさとは？？

「コンドルらしさ」を探して
都内に現存するコンドル
建築を訪ねてみたが、
どれも様式の教科書
みたいで、ますます「らしさ」からは遠ざかる…。
鹿鳴館の写真を見ても同様だ。

三菱1号館 (1894年) | 三井倶楽部 (1913年) | 古河邸 (1917年)

巡れども巡れども、コンドルは飛んでゆく。

鹿鳴館
(1883年)

考えてみると、三菱、三井、古河と、大財閥の間をゆうゆうと飛び回ってしまうのもすごい。自己を押しつけないから相手の色に染まることができたのだろう。コンドルが「日本建築界の母」と呼ばれることが多いのにも納得。

1896 明治29年

鏡の国の建築家

辰野金吾

日本銀行本店本館

所在地：東京都中央区日本橋本石町2-1-1 | 交通：JR東京駅日本橋口から徒歩8分
指定：重要文化財

東京都

日本の紙幣に描かれた建築を挙げなさい。そんな問題が出されたら、答えられるだろうか。

現在では、たまに手にする2000円札で沖縄の守礼門を見るくらいだが、古い紙幣では国会議事堂、法隆寺、靖国神社、八紘一宇の塔などが図柄として使われていた。そしてもちろん今回、採り上げる日本銀行本店も旧1000円札、旧5000円札など、幾度か採用されている。

敷地は東京駅の北側、日本橋川に架かる常盤橋の斜め向かいだ。ここは江戸時代には金座があった場所で、もともと多くの金融機関が集まっていたという。

建物は1階に営業場、2階に役員室、3階に一般執務室を収め、地下には金庫があった。外からは石造建築に見えるが、外側に石、内側にレンガを積んだ混構造で、石とレンガは鉄の棒で緊結されている。工事期間中に濃尾地震があったため設計変更を行い、2階以上の壁ではレンガを主構造にして、外側の石を薄くすることで耐震性を向上させたという。

平面は左右対称形で、左右とも手前に翼棟を延ばしている。よく言われるのが、上から見ると「円」になっているというトリビアだ。そのちょうど中心部に正面玄関がある。コリント式のペア・コラム（二柱で一対の柱）がペディメントを支え、その上にはドームが載る。堂々としたものだ。

しかしそれは地上レベルでは外から拝むことができない。なぜなら、左右翼棟の先端をつないだ門が視界を遮っているからだ。せっかくの立派なファサードを、塀で隠すようなデザインをどうして採ったのだろうか。

銀行建築家＝辰野金吾

設計したのは辰野金吾である。後に東京大学工学部建築学科となる工部大学校造家学科の第1期生で、同級生の片山東熊や曽禰達蔵を押さえて首席で卒業。英国に留学して帰国すると、工部大学校の教授に就く。後進となる幾多の建築家を育てたほか、東京駅（1914年）などの名建築を設計した。また、教授職を辞して日本人では初となる民間設計事務所を開いたりもしている。日本近代建築の父とも呼ばれる由縁だ。

辰野が日本銀行本店の設計依頼を受けたのは、まだ30代半ばの頃。これをはじめとして、辰野は銀行店舗の設計を数多く手掛けた。日本銀行大阪支店（1903年）、日本銀行京都支店（現・京都文化博物館、1906年）、第一銀行神戸支店（現・神戸市営地下鉄みなと元町駅、1908年）、盛岡銀行本館（現・岩手銀行中ノ橋支店、1911年）などである。

A 中庭から正面玄関を見上げる｜**B** 翼棟の西面ファサード。大きなオーダーの中に小さなオーダーがある｜**C** 正面のファサードを隠す塀のような門｜**D** 1階、営業場の客だまり｜**E** 営業場の天井。当初は、ガラス屋根を通じて自然光が入り込むようになっていた｜**F** 八角形の平面を持った玄関ホール｜**G** 2階の役員集会室。玄関ホールの上、ドームの下にあたる｜**H** 2階史料展示室の扉に付いた蝶番。金銀を量る天秤をモチーフにしていると思われる

その後の日本建築界では、前川國男の日本相互銀行、磯崎新の福岡相互銀行、宮脇檀の秋田相互銀行、菊竹清訓の京都信用金庫など、銀行店舗を続けて設計し、成長していくキャリア・パターンがあるが、辰野はこうした建築家の先駆けとも言えるだろう。名前からして金吾＝KINGOは、GINKO（＝銀行）のアナグラムだから、運命的なものも感じるが。

入れ子状の建築構造

さて、最初の疑問に戻ろう。日本銀行本店の正面を隠すような塀はなぜ建てられたのか。設計に先駆けて辰野はヨーロッパを視察旅行し、特にベルギー中央銀行を綿密に調査して参考にしたというが、その建物でもこうした構成は採っていないのだ。辰野独自の何かしらの意図が込められているはずである。

まず考えられるのは防御能力を高めるという狙いだ。金庫に収められている貨幣が収奪されないよう守ることが、見た目の格好良さよりも優先された。これはこれで大いにありうる見方である。しかし、もうひとつの説も考えてみたい。

正面の門から入ると、そこは内部ではなく中庭という外部である。玄関から中に入ると営業場で、天井が高く、当初は自然光が差し込む半屋外空間であった。銀行の執務空間はさらにその奥に。つまりこの建物は、ハコの中にまたハコがあるような入れ子状の構造を採っている。正門側を塀のように閉じて、一番外側のハコをつくったというわけだ。

これを示唆しているのが、正面玄関や翼棟のファサードで、大きなオーダーの内側に小さなオーダーがある二重の構えになっている。

そしてこの銀行が描かれた紙幣が金庫に収められたとき、この関係は比喩的に完成する。建物の中に建物があるという入れ子が、どこまでも連鎖することになるのだ。

こうした建築の構想を辰野が持っていたという証拠はない。しかし、もしやと思うのは、辰野が留学していた時期に、英国ではルイス・キャロルが「鏡の国のアリス」（1871年）を既に発表していたからだ。

「アリスの夢の中の赤の王様がアリスの夢を見ている……いいえ、アリスの夢の中の赤の王様の夢の中のアリスが赤の王様の夢を見ている……」
（柳瀬尚紀訳）

そんな無限に続く入れ子状の物語に、若き日の辰野が魅せられていたらと想像してみると楽しい。いや、全くの妄想だけれども。

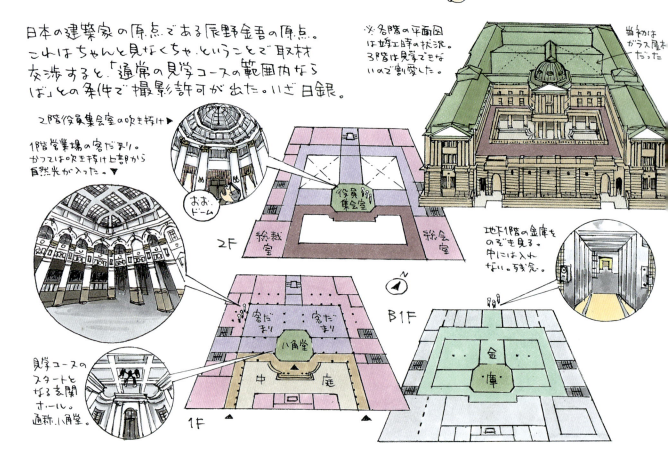

| 明治期 1868–1912 | 大正期 1912–1926 | 昭和期 1926–1942 |

建築的に面白いのは中庭だ。

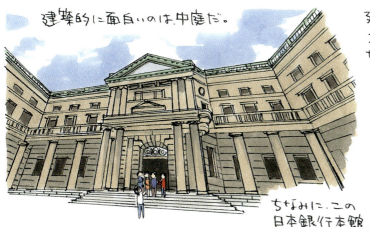

列柱とバルコニーで囲まれた宮殿風のゴージャス空間。ここはかつて「車寄せ」ならぬ「馬車寄せ」のスペースだったという。

ちなみに、この日本銀行本館、完成から4年後の1900年に100円札の図柄となった。このとき辰野46歳。うれしかっただろうなぁ。
男泣き。

お札の図柄から消えた今、この建物の形をイメージできる人は少ないだろう。

なぜならこの建物、正面側の壁が高くて、特徴的な部分のデザインがほとんど見えない。しかも、中心軸上に入口がなく、左右にひっそりとゲートが配置されている。辰野はなぜ、あえて"見せ場を消す"デザインにしたのか？
壁の上からチラリと見えるドーム屋根を見て、「あ、そうか」と気付いた。

銀行の頂点
NIPPON GINKO

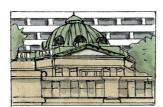

神社の頂点
ISE JINGU

この"見えそうで見えない感"はまさに伊勢神宮の正殿！
5重の垣で正殿を取り巻いて神秘性を創出した伊勢神宮のように、辰野は中心部を示すドームをあえて壁で囲んで、日本銀行の神々しさを表現したのだ。(タタ分)

No.09 寄り道

・明治37年・
1904

八角ホールで「八哲」を探せ

大阪図書館［現・大阪府立中之島図書館］

所在地：大阪市北区中之島1-2-10
交通：地下鉄御堂筋線・淀屋橋駅もしくは京阪本線・淀屋橋駅から約300m
指定：重要文化財

野口孫市

昔から当たり前にあって、利用者も「重要文化財」と意識せずに使っているのがすごい。八角ホールの「八哲」、目を凝らして探してください。

大阪府

| 明治期 1868–1912 | 大正期 1912–1926 | 昭和期 1926–1942 |

2016年にリニューアル工事が
完了した中之島図書館。

築120年超。重要文化財でありながら今も現役。
左右に広がるこんな壮大な外観が定着しているが、
第1期の完成時には
中央部分だけだった。→

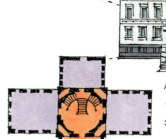

全体面積に対する、エントランスホールの割合が大きすぎ！いかに設計者がホールに力を入れていたかが分かる。

このホール、空間構成もディテールも凝りまくり。
実際は照明が暗くて見えづらい（保護のためか？）ので、
←細部が分かるように描いてみた。ここでウンチクを1つ。
ホールは八角形なので「八哲」の名がプレートに記されている。
菅原道真、孔子、ソクラテス…。あなたも探してみよう。

実は、ホール2階にアプローチする正面入口は、50年以上閉ざされていた。それが、リニューアル後は普通に出入りできるようになった。右翼（南）にはカフェもできたので、本を借りなくても堂々と入れます！

1906 明治39年

寄り道

旧日本郵船小樽支店

出世競争に距離を置くおおらかさ?

佐立七次郎

所在地：北海道小樽市色内3-7-8
交通：JR小樽駅から徒歩約20分／指定：重要文化財

 北海道

4人学級で他の3人は辰野金吾、片山東熊、曽禰達蔵……。そんな環境で建築を学んだ佐立七次郎。建築を見ると、人生まで妄想してしまう

| 明治期 1868–1912 | 大正期 1912–1926 | 昭和期 1926–1942 |

クイズです。工部大学校造家学科第1期生として学んだ"日本の建築家第1号"の4人の名前は？ 建築ツウならば、辰野金吾、片山東熊、曽禰達蔵の3人は答えられるだろう。で、なかなか思い出せない残り1人、佐立七次郎が設計したのが、この日本郵船小樽支店（1906）だ。→

佐立七次郎
1856〜1922

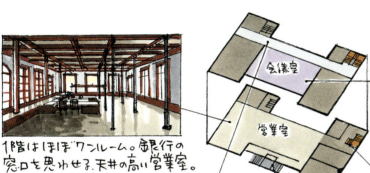

1階はほぼワンルーム。銀行の窓口を思わせる、天井の高い営業室。

2階の中央にある会議室。竣工の翌月に日露の国境策定会議がここで行われた。

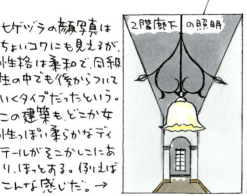

2階廊下の照明

入口扉の装飾

階段手すり

セガヅラの顔写真はちょいコワにも見えるが、性格は柔和で、同級生の中でも後からついていくタイプだったという。この建築もどこか女性っぽい柔らかなディテールがそこかしにあり、ほっとする。例えばこんな感じだ。→

「建築界のドン・辰野」、「宮廷建築家・片山」、「民間オフィスの開拓者・曽禰」。そうそうたる同級生の中にあって苦悩もあったかもしれないが、残されたこの建築を見る限り、マイペースで自分らしい人生だったのでは？

1907 ・明治40年・

トカトントンの響き

堀江佐吉　青森県

旧津島家住宅［現・斜陽館］

所在地：青森県五所川原市金木町朝日山412-1｜交通：津軽鉄道金木駅下車、徒歩7分
指定：重要文化財

東北新幹線を終点の新青森駅で降り、JR在来線で1時間かけて五所川原へ。そこからさらに津軽鉄道に乗り換えて約30分で金木に着く。そこに太宰治が生まれた家、斜陽館がある。

　レンガ塀に囲まれた建物は、入母屋造りの豪邸だ。竣工は1907年（明治40年）。建て主は太宰の父親にあたる津島源右衛門である。源右衛門はこの地方の大地主で、衆議院議員や貴族院議員も務めた。

　源右衛門は1923年に没し、家は太宰の兄の文治が引き継ぐ。文治もまた、衆議院議員や青森県知事を務めた有力者だったが、戦後の農地改革ですべての土地を手放すことになり、この家も売ってしまう。旅館として使われていた時期を経て、現在は市の所有物となり、太宰治記念館「斜陽館」として公開されている。

　玄関を入ると、幅の広い土間が続き、その奥には蔵がある。土間に面して、囲炉裏のある座敷や吹き抜けの板の間などが並ぶ構成は、伝統的な商家のつくりだ。

　違うのは、玄関脇にカウンターを備えた小部屋があること。津島家では金融業も営んでおり、そのための部屋だ。そこから住宅とは思えない豪華な階段を上がると、2階には7つの和室と1つの洋室がある。この時代の邸宅は、椅子とテーブルのセットが置かれた洋室なのに天井は和風の格天井だったりと、奇妙な和洋の混交があったりするものだが、この住宅は和と洋がゾーンできっちりと分けられ、混ざることはない。そこに設計者の意識の高さが感じられる。

"脱"擬洋風建築

　設計したのは弘前の棟梁、堀江佐吉だ。弘前城の修理に関わる大工の家系に生まれ、修業時代は寺の改修に携わったりしていた。その後、青森や北海道で兵舎の建設に関わり、そこで洋風建築を身に付ける。腕前も人柄も良かったため、弘前で大きな仕事を手掛けるようになった。その作品は今も残り、旧東奥義塾外人教師館（1900年）、旧第五十九銀行本店本館（青森銀行記念館、1904年）、旧弘前市立図書館（1906年）などは弘前の観光拠点となっている。

　佐吉のような大工による設計・施工で、明治時代に建てられた洋風建築は擬洋風建築と呼ばれる。本格的な近代建築の教育を受けず、見よう見まねでつくられたため、おかしな様式解釈も交じるのだが、そこが妙味と評価されたりする。松本の開智学校（1876年）や山形の済生館本館（1878年）などがその代表例だ。

A 1階の板の間。旅館として使われていた時代は、吹き抜けに床が張られ、客室になっていたという｜**B** 2階の洋間。接客の場として使われた｜**C** 2階廊下。途中で和風から洋風へ切り替わる｜**D** 1階座敷と2階洋間をつなぐ階段。青森銀行記念館の階段に似ている｜**E** 旧弘前市立図書館の外観。現在は弘前市郷土文学館となっている｜**F** 旧東奥義塾外人教師館。1階ではカフェが営業している｜**G** 旧第五十九銀行本店本館。青森銀行記念館として公開されている

しかし佐吉の建築は、大学出のエリート建築家に劣らない堂々たるもの。擬洋風とはもはや言えない、それを脱したレベルの建築だ。

　五所川原市で公開されている古民家「布嘉屋(ぬのか)」には、佐吉が設計・施工した佐々木嘉太郎邸(1896年)の模型がある。これを見ると、土蔵造りの建物の外側に人工地盤を巡らせたような設計になっている。火災で焼失したが、これが残っていたら、さぞや素晴らしいものだっただろう。

　斜陽館は佐吉の最晩年の作品で、設計はしたが施工は息子に託している。大工としてまず覚えた和風の建築と、その後にものにした洋風の建築、その両方を総合することに、自らの最期を意識しながら挑戦したのかもしれない。

「趣のない、ただ大きい家」

　さて、太宰治は「斜陽館」のことをどう見ていたのか。1946年に発表された「苦悩の年鑑」の中で、こんなふうに記している。「この父は、ひどく大きい家を建てた。風情も何も無い、ただ大きいのである。(中略)おそろしく頑丈(がんじょう)なつくりの家ではあるが、しかし、何の趣きも無い」

　なんとも辛口の言い方だが、そうなった理由は想像できる。斜陽館は大地主の家であり、小作人の金を収奪することによって建てられたものである。左翼活動にも携わった太宰には、それが認められないのだ。

　しかしそれだけだろうか。太宰という作家には、その破滅志向の人生からも分かるように、何かきちんと出来上がっているものへの生理的な嫌悪がある。だから斜陽館にも毒づくのではないか。不平を持つのは建物の出来が悪いからではない。むしろ出来が良いからこそ、イヤなのである。

　太宰には建築に対する複雑な嫌悪があるのではないか。それをうかがわせる作品がある。1947年の「トカトントン」だ。この小説では、主人公が何かやろうとすると、頭の中で"トカトントン"と音が鳴り、途端にしらけてしまう。通常なら建築をつくるときの槌音(つちおと)である"トカトントン"が、太宰にとっては究極の虚無を象徴する響きなのである。

　建築への否定を含んだ根本的な批判は、建築家の手の跡を消去しようとして正方形のグリッドで建築を埋めた1970年代の磯崎新の作品や、土に埋めたりガラスを使ったりしながら建築の消去を試みた1990年代の隈研吾の作品とも共通する。彼らの頭の中にはきっと、"トカトントン"の音が聞こえていたのだろう。

今回の巡礼地は、旧津島家住宅(現・斜陽館)。「斜陽」や「人間失格」で知られる太宰治の生家だ。

OSAMU DAZAI
1909-48
生まれてすみません

といっても、このリポートの主役は太宰ではなく、堀江佐吉。青森県内に独特の擬洋風建築を多数残した伝説の大工棟梁だ。

SAKICHI HORIE
1845-1907
人生後半から大器晩成

城大工の家に生まれた佐吉が西洋風の意匠に取り組み始めたのは40代以降。代表作のほとんどは晩年の10年に建てられた。まずは佐吉の活動拠点、弘前を巡ろう。

聖地 弘前 半日MAP

弘前城周辺だけで3件(★印)。

弘前では、前川國男(1905-86)の建築も巡ろう。(○印)

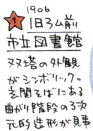

★1 1906 旧弘前市立図書館
双塔の外観がシンボリック。玄関そばにある曲がり階段の3次元的造形が見事。

★2 1900 旧東奥義塾外人教師館
室内はリカちゃんハウスのようなファンシー意匠。

足を延ばせば…

★4 1907 旧弘前偕行社
南に1.5kmほどの所にあるこの建物は、モダニズムの香りも漂う。

★3 1904 青森銀行記念館
国籍不明の屋根の造形がカッコイイ！2階の天井も和・洋を超越。

明治期 1868–1912 | 大正期 1912–1926 | 昭和期 1926–1942

堀江佐吉のベースを知ったところで、3ヶ月前から金木へ。駅から徒歩5分。佐吉の最晩年の作、斜陽館は突然、現れる。

外観は、レンガ積みと赤い入母屋屋根が印象的な、"ちょっとキッチュな建築"といった感じ。だが、内部がとんでもない。特に変なのが2階。普通、「和洋折衷」というと、和と洋のディテールを混在させるか、和館と洋館を別棟にするもの。ところが、この住宅は、同一フロア内で和と洋が明確に分けられているのだ。

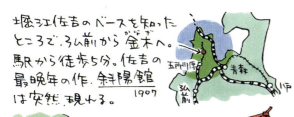

裸の漢詩に「斜陽」の文字。

鹿鳴館のようなコテコテの洋間。面積に対してフワフワ感が過剰！？

"太宰治の人格を育んだ"時間迷宮"

衝撃的なのが廊下。ゲートのようなしっくいの垂れ壁によって、唐突に和・洋が切り替わる。
迷宮っぽさを助長する、4つまたの階段。

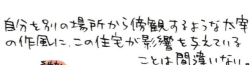

自分を別の場所から傍観するような太宰の作風に、この住宅が影響を与えていることは間違いない。

前近代と近代を行き来する"時間旅行生活"。"天才を育てる家"ってこんな家なのかも。

1907 ●明治40年●　寄り道

浜寺公園駅
高架化を生き抜く塗り絵模様

所在地：大阪府堺市西区浜寺公園町
交通：南海・なんば駅から南海本線で27分
指定：登録有形文化財

辰野金吾

当時の浜寺は、海水浴場のある保養地だった。現在は高架化工事の最中で、2028年ごろに新駅舎のエントランスとして復活する

大阪府

辰野金吾が設計した駅舎といえば、2014年に開業100年を迎えた東京駅が思い浮かぶ。が、それよりもっと古い駅舎が大阪にあるという。築100年以上で、しかも木造。本当に？というわけで、なんばから南海本線で浜寺公園へ。

※2018年3月現在は高架化工事のため広場に移設されており、駅舎としては使用されていない

TATSUNO. KING OF ARCHITECT

ハーフティンバーのグラフィカルな外観は、子どもの塗り絵のよう。

まいこのぬりえ はまでらこうえん さんかく

辰野は、記憶に残るデザインが実にうまい。

駅を降りた客の目をいやでもひきつける、正面玄関の木の柱。とっくり風のくびれ!!

よく100年もったなぁ…

そんな感慨感を抱かずにいられない。

改さつは自動なのに、建物内は突然レトロ。さらにその向こうは、整備中の大通り。時間を輪切りにしたよう。

この駅舎が建設されたころは、駅から海辺に向かって、別荘地が広がっていたという。それを聞くと、売れっ子の辰野がこんな小さな駅に起用されたことにも納得がいく。

それから100年以上の時が流れ、現駅舎は高架化に伴い、新駅舎の玄関口（こんな感じ→）になることが決まった。強いデザインは、時代が変わっても強いんだなぁ。

左右対称による近代化

●明治42年●
1909

片山東熊

旧東宮御所［現・迎賓館赤坂離宮］

所在地：東京都港区元赤坂2-1-1
交通：JR四ツ谷駅下車、徒歩7分｜指定：国宝

東京都

JR四ツ谷駅から南へ行くと、道は途中で左右に分かれる。両側の並木によって遠近感が強調された前方の中心に見えてくるのが、迎賓館赤坂離宮だ。

　四ツ谷駅側（北側）の外観は中央に玄関があり、その左右に両翼がカーブしながら手前に向かって延びる。目を凝らして見ると、屋根の上には鎧兜（よろいかぶと）の武者や鳳凰がいる。そうした細部の装飾に和の要素を残してはいるものの、全体の構成は本格的な西洋建築だ。

　竣工は1909年。もともとは東宮御所、すなわち皇太子の住居として建てられた。設計者は片山東熊。工部大学校造家学科の第1期生として、辰野金吾とともにコンドルの下で学んだ1人で、卒業後は宮内省で設計にあたり、奈良国立博物館、京都国立博物館などを手掛けている。

　構造は鉄骨で補強されたレンガ造で、屋根は銅板ぶき。デザインはバロック様式のリバイバルを基調として、そこにルイ16世様式、アンピール様式、イスラム様式などを採り入れている。

　設計に際して片山は欧米を視察し、フランスのルーブル宮殿やベルサイユ宮殿を参考にした。西洋建築を学習してきた明治の日本建築界が、総力を結集してつくり上げた"卒業制作"が、この建物だといわれる。

住まわれなかった宮殿

　しかし、おそらくこの建物は、よく出来過ぎていたのだ。完成した東宮御所に対して、明治天皇は一言、「ぜいたくだ」と漏らしたとされ、これが効いたのか、当時の皇太子、すなわち大正天皇はこの建物に結局、住まなかった。

　このことは片山にとっては大きなショックだったに違いない。宮廷建築家として自らのすべてをかけて設計し、最高の材料を使って築いた作品があっさりと否定されたのだから。

　そして後の昭和天皇も、結婚して間もなくわずかな期間だけ住まいとしたが、天皇に即位した後は、やはり使わなくなっている。

　建築家の意図したことが、使用する側の思惑とずれ、うまく使われないままとなる事例が現在でも起こっている。そうした建築とプログラムのミスマッチによる悲劇は、この東宮御所で既に始まっていたのである。

　建物は太平洋戦争時に空襲で被災。戦後は国立国会図書館として使われた。利用する庶民にとってはうれしかっただろうが、建物からすればあまりにももったいない話である。

　1960年代に国賓を接遇する迎賓館の必要性

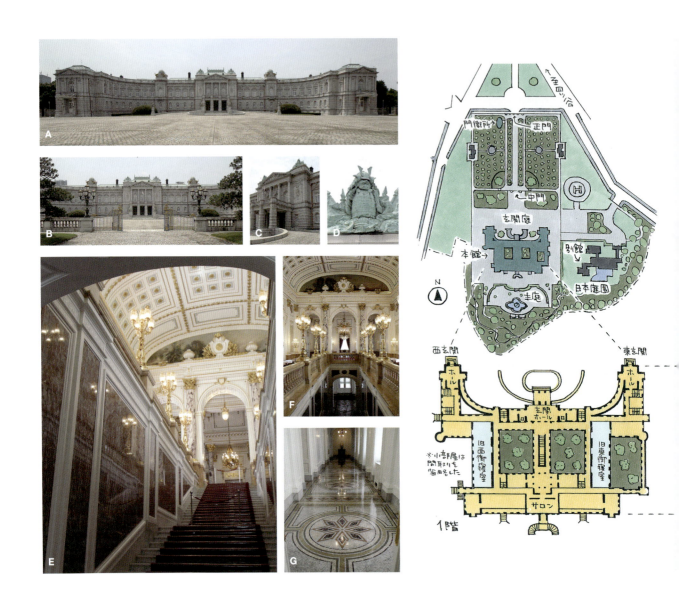

A 北側から見た全景｜**B** 改修の際に村野藤吾が設けた中門越しに見る｜**C** 北側の車寄せ｜**D** 武者の屋根飾り｜**E** 玄関ホールから見た中央階段｜**F** 2階大ホールから中央階段方向を見返す｜**G** 1階廊下

| 明治期 1868–1912 | 大正期 1912–1926 | 昭和期 1926–1942 |

※迎賓館赤坂離宮は2016年4月から年間を通して一般公開されるようになった。それまでは毎年夏季の10日間しか公開されていなかった。内部見学は事前申し込みと当日受付の併用制で、中央階段、彩鸞の間、羽衣の間、花鳥の間などが見学できる。
詳細は内閣府公式サイト｜https://www.geihinkan.go.jp/

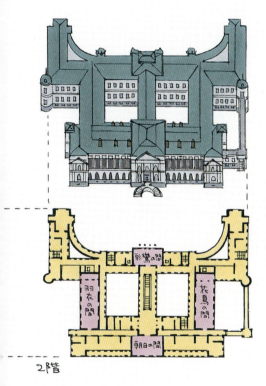

H 庭園の噴水越しに見る南側外観｜**I** 角部の付け柱｜**J** 東玄関｜**K** 花鳥の間（大食堂）｜**L** 羽衣の間（レセプションルーム）｜**M** 羽衣の間の天井隅部｜**N** 彩鸞の間（カクテルラウンジ）

オバマ大統領になった気分で館内を巡ってみよう。
公式行事で使われるのは、主に2階だ。

まずは西側の大広間「羽衣の間」。レセプションに使われる。

花鳥の間(大食堂)は木調。

壁には、七宝焼の花鳥図が30枚。1枚おいくら？

四隅の柱が空に向かって立ち上がる。だまし絵のような天井画が部屋全体を覆う。

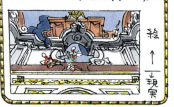

絵 ↑ ↓ 現実

「記念館」とは全く異なる「今も現役」のシズル感。この建築は生きている！

華やかな装飾群もさることながら、筆者が一番心打たれたのは、モザイクタイルの床。

長年のワックス磨きにより、まるで樹脂で固めたようにピカピカ。見たことのない素材感。

天井画や壁画のほとんどは、フランスの画家が描いたもの。どこまで片山がコントロールできたのか分からないが、「取って付けた感」はない。

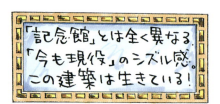

朝日の間(サロン)の壁絵。

鎧が好きだなぁ…。

が高まると、この建物を使用することに決まり、できるだけ当初の状態に戻すという方針で、村野藤吾の設計により改修された。

内部には1階に宿泊機能、2階に宴会機能を収める。花鳥の間、彩鸞(さいらん)の間などと名前が付けられた各部屋は、それぞれに異なった装飾や仕上げが施され、いずれも目を見張る。特に、フランスの画家に天井画を描かせた朝日の間や羽衣の間は、空間自体が一級の美術品と化している。2009年には、明治以降の近代建築として初めて「国宝」にも指定された。

内部の機能も左右対称

外観の左右対称は、間取りにも及んでいて、これは非公開の1階も当初からそうだったという。これについては小沢朝江の『明治の皇室建築』（2008年、吉川弘文館）に重要な指摘がある。この建物は東側が皇太子殿下、西側が皇太子妃殿下の住まいとしてつくられており、両者は機能も広さも同じだ。これは皇室建築の歴史上、極めて異例であり、手本にしたルーブルやベルサイユの宮殿でも実現できていなかったことだという。

平塚らいてうが女性解放を論じた雑誌「青鞜」を創刊する直前のことである。男女同権には程遠い時代に、皇族の男女が同格であることを示す建築が出来ていたのだ。

片山は男女同権にすべしという意図があって、左右対称の平面を採用したのではないだろう。日本建築の特質が左右非対称にあることがしばしば言われるが、だからこそ西洋建築の左右対称にこだわり、部屋の間取りまでこれを貫徹したのだ。男女同権の平面はその結果にすぎない。

そこから思い浮かべるのは、1990年代に建築家の山本理顕によって展開された建築とプログラムの関係についての議論である。

山本は「建築に先立ってプログラムがあるのではなく、実は建築空間の構成がプログラムを決めている」という意味のことを語ったのだが、急進的な男女同権というプログラムが、左右対称の建築の構成から生まれているこの建物は、山本の説を裏付ける事例といっても良さそうだ。

明治維新後に建てられた近代建築は、近代社会の訪れによって生み出されたのではなく、このように建築が社会の近代化を先導していたのかもしれない。

そう考えていくと、帝国議会も議事堂を左右対称に建てたかったから、二院制を採用したのではないか。そんな仮説を唱えてみたくもなるのである。

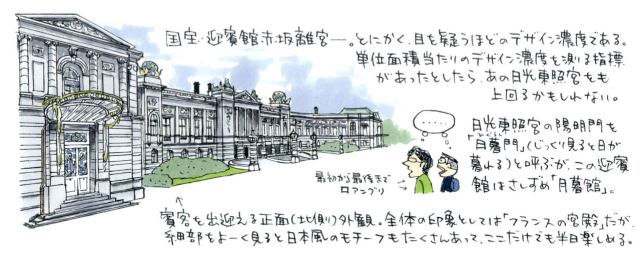

一切の妥協を排したこの建築。完成には当初予算の倍以上の費用がかかった。現在の貨幣価値にすると500億円とも。延べ面積は約1.5万㎡なので…

500億円÷(1.5万㎡÷3.3㎡)
＝1100万円/坪！(絶句…)

にもかかわらず、明治天皇に「ぜいたく」と言われ、皇太子(大正天皇)には住んでもらえず…。

いらない / ガーン
1854-1917
片山東熊は失意のなか、8年後(1917年)に亡くなった。

そんな不遇の建築が脚光を浴びるのは1974年。村野藤吾の設計により、迎賓館として改修された。

頬ひきツラ / 1891-1984
"昭和の巨匠"登場

歴史遺産の改修といっても、そこは村野。完全にオリジナルに戻すことにはこだわらない。例えば東西玄関のガラス庇は、もともと←黒だったスチール部分を、白に変えてしまった。同様に、正門→の鉄柵も黒から白に。

どちらも、たったそれだけのことなのに、初めから村野がデザインしたかのよう。

うーむ、村野っぽい

改修でもにじみ出る村野ワールド

正門近くに新設した門衛所。これは、まさしく村野流。

銅板の鳳凰。

門衛用のボックスもかわいい！量産できそうな完成度。

与条件が何であっても「ひと味」で村野色に変えてしまう。「1％の村野」の面目躍如。

ふふっ、ふふっ

「してやったり」という村野の笑いが聞こえてきそう。

• 明治43年 •
1910
寄り道

旧松本家住宅
辰野金吾のカエル食堂

交通：JR戸畑駅からタクシーで7分｜指定・重要文化財
所在地：北九州市戸畑区一枝1-4-33

石炭業で成功した松本健次郎の住宅兼迎賓館。現在は西日本工業倶楽部の会館となっており、ウエディングにも利用されている

福岡県

辰野金吾

| 明治期 1868–1912 | 大正期 1912–1926 | 昭和期 1926–1942 |

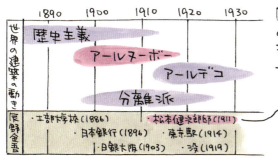

辰野金吾が活躍した1900年代初頭は、世界の建築史のなかでは**歴史主義**への反発から**アールヌーボー**や**アールデコ**、**分離派（ゼツェシオン）**などの新たなデザイン運動が台頭・衰退を繰り返していたころだ。

こんなの見たい！

辰野金吾といえば、徹底した歴史主義で日本建築界のドンとなった人物である。その辰野にアールヌーボーの住宅があるという。

それが、北九州市の「旧松本家住宅」だ。

庭園に面した南側の外観が素晴らしい。ハーフティンバー（木としっくい）の鮮やかな模様もさることながら、左右非対称の立面構成が建築好きの心をぐっとつかむ。京都の飛雲閣にも例えたくなるほどの絶妙なバランス。左右対称をつくり続けていた辰野にこんな一面があったとは驚き。

辰野がクライアントのリクエストでアールヌーボーに取り組んだのか、自らの意志で試みたのかは定かでない。しかし、辰野がイヤイヤではなく、ノリノリでやっていることは、各部のデザインを見れば明らか。例えば、食堂のデザインは→

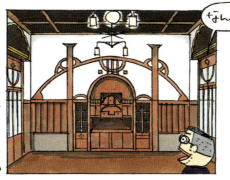

なんじゃこりゃと思わず声が出てしまうカエルの顔のような壁面装飾。

部屋ごとに異なる照明のデザインもかっこいい！こんな辰野も悪くない。

1912 明治45年

寄り道

派手好き辰野の抑えた外観

日本銀行旧小樽支店 [現・金融資料館]

所在地：北海道小樽市色内1-11-16
交通：JR小樽駅から徒歩10分
指定：小樽市指定有形文化財

辰野金吾
長野宇平治
岡田信一郎

北海道

辰野金吾の指揮の下、長野宇平治が全体を整え、岡田信一郎が図面を描いたと伝わる。落ち着いた壁面のデザインは長野のテイストか？

明治期 1868-1912　｜　大正期 1912-1926　｜　昭和期 1926-1942

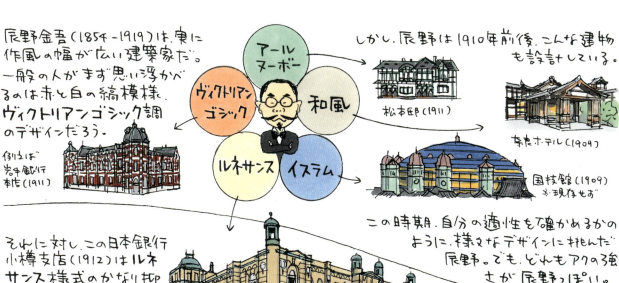

辰野金吾(1854-1919)は、実に作風の幅が広い建築家だ。一般の人がまず思い浮かべるのは赤と白の縞模様、ヴィクトリアンゴシック調のデザインだろう。

例えば岩手銀行本店(1911)

アールヌーボー
ヴィクトリアンゴシック
和風
ルネサンス
イスラム

しかし、辰野は1910年前後、こんな建物も設計している。

松本邸(1911)
奈良ホテル(1909)
国技館(1909) ※現存せず

この時期、自分の適性を確かめるかのように、様々なデザインに挑んだ辰野。でも、どれもアクの強さが辰野っぽい。

それに対し、この日本銀行小樽支店(1912)はルネサンス様式のかなり抑えたデザイン。一見、辰野っぽくない感じがしてしまう。しかし…

「抑えた」といっても、そこは辰野。屋根の上のドーム群をじっくり見ると、辰野節全開。特に展望室上部(イラスト左)の装飾が細かっ！

ホーホー

壁面上部のレリーフのモチーフはシマフクロウ。アイヌの守り神だ。

建物内外に計30体。辰野らしい遊び心。

ルネサンス様式といえば、辰野のライバル、片山東熊が得意としたデザインだ。辰野は「ワシだってできるわい」とアピールしたかったのか？ そのうえで2年後に開業する東京駅では十八番のヴィクトリアンゴシックで勝負した？

内部に広がる外部

•明治45年•
1912

網走監獄 五翼放射状平屋舎房

所在地：北海道網走市呼人1-1｜交通：JR網走駅下車、バス7分
指定：重要文化財

北海道

司法省

航空写真：網走監獄

網走駅からバスに乗って西へ。走りだして間もなく、川の向こうに網走刑務所のレンガ塀が見えてくる。が、今回はここでは降りない。さらに5分ほど過ぎると、バスは網走湖沿いの道を山の方へと折れていき、目的地の博物館網走監獄に達する。

この施設は1890年（明治23年）から続く網走刑務所の古い建物を移築して、展示公開している野外博物館だ。東京ドーム3.5倍ほどの広さの敷地に、庁舎、門、教誨堂、独居房、浴場など、再現構築されたものを含めると、20以上の建物がある。

なかでも興味深いのが、重要文化財である五翼放射状平屋舎房だ。火災で失われた舎房を1912年（明治45年）に建て直したもので、木造平屋の舎房が放射状に延びていく平面が大きな特徴。ベルギーのルーヴァン監獄（1864年竣工）をモデルにしたとされている。玄関を入ってすぐのところにある見張り所からは、5方向に延びる舎房の通路がすべて見通せて圧巻だ。

監獄建築の形式といえば、英国の哲学者、ジェレミー・ベンサムが考案したとされるパノプティコンが有名だ。これは一望監視装置とも呼ばれ、円形平面の外周部に囚人の部屋が並び、吹き抜けの中心に監視塔が立っているというもの。囚人は常に監視され、実際には監視されていなくても監視者の視線を気にせざるを得なくなるという。網走監獄の平面は、それぞれの部屋を直視するのではなく、部屋が面する通路を監視する方式だが、考え方は共通している。

むき出しの合理主義

放射状に類した建物平面については、この本では既に手宮機関車庫3号（042ページ）を取り上げたときに触れた。あの車庫では、回転する転車台から延びていく線路の形から平面が導き出されていたが、網走監獄では大量の囚人を少人数で監視するためのシステムとして建築がつくられている。明治という時代には、新しい技術や社会制度に対応する施設が、こうしたむき出しの合理主義によって設計されていたことが分かる。

放射状に棟を延ばした平面は、監獄以外にも様々な施設に採り入れられた。例を挙げれば、山田守の設計による東京厚生年金病院（1953年、現存しない）、同じく山田守が設計した東海大学湘南キャンパス1号館（1963年）、ホテルニューオータニ（大成建設、1964年）などがそうだ。

最近の建物で似たものがないのかと考えたが、なかなか思い浮かばない。せいぜい宇都宮美術館（設計：岡田新一設計事務所、1996年）ぐらいか。ハッキリとした中心があって、そこから階層的に周

A 現在の網走刑務所にある正門。博物館網走監獄の入り口にはこれのレプリカがある[写真：特記以外は磯達雄] | **B** 空から見た博物館網走監獄の全容[写真：網走監獄] | **C** 放射状舎房の玄関 | **D** 放射状舎房の見張り所からはすべての通路を見通せる | **E** 放射状舎房の通路。両側に囚人の部屋が並ぶ | **F** 吉村昭『破獄』で小説化された脱獄の名人、白鳥由栄のマネキンが天窓近くに飾られている | **G** 浴場(1912年)。マネキンが入浴の様子を再現している

縁へと広がっていくような組織やシステムは時代に合わないし、建築もまたしかり、ということかもしれない。刑務所も同様で、現在の網走刑務所は、平行に配置された棟を直交する通路がつなぐ形となっている。

究極のゲイテッド建築

さて舎房の奥へと入っていこう。長い通路の両側に囚人の部屋が並んでいる。その印象は、意外に明るい。通路の天井にはところどころにトップライトが設けられており、天井高も充分にあるので、自然光がふんだんに回るのだ。半屋外的な空間である。

通路を歩きながら、同じような空間をつい最近、体験したような気がした。どこだっただろう？

監獄内部の屋外的な空間については、建築評論家の長谷川堯も着目している。「（獄舎の）すべての構成は、日常の場合のように外に向かって開くのではなく、反対に、内にむかって開く性向を余儀なくされる」（「神殿か獄舎か」、1972年）

この評論が書かれた1970年代、建築家は同様の構成を持った戸建て住宅をつくっていた。原広司の自邸（1974年）や安藤忠雄の住吉の長屋（1976年）などがそれに当たる。外側は壁で閉じられ、内側に中庭やトップライトのある廊下を設けて、そちらに向けて部屋を配置した住宅だ。

こうした極端に閉鎖的な住宅のデザインは、80年代以降は下火になる。替わって現れるのが、ショッピングモールである。

その建築的特徴は、吹き抜け状の半屋外的な空間が通り、その両側に同じ間口の店舗が並んでいるというもの。外観は単純な箱でしかない。

近年、人の出入りを厳格に管理してセキュリティーを高めた住宅地をゲイテッド（塀で囲まれた）・コミュニティーと呼び、防犯性の高さから人気を集めているが、ショッピングモールも、自動車がないと来られない郊外に立地し、入り口のところで人の出りをコントロールする"ゲイテッド"な施設である。そして監獄もまた、究極のゲイテッド建築にほかならない。

網走監獄で味わった既視感は、ショッピングモールでの空間体験にあったようだ。家族が週末を安全に楽しく過ごす場所としてつくられた施設が監獄に似てきてしまうことに、建築というものの不思議さを改めて感じた。

網走刑務所といえば映画「網走番外地」だ。ここを出所した人は皆、高倉健のように口が重くなってしまう―。そんな過酷な環境が頭に浮かぶ。実際はどうだったのか。明治期の施設を移築展示した博物館「網走監獄」を訪ねた。

復元された「鏡橋」を渡って、駐車場から正門へ。実際の網走刑務所も、脱獄防止のため、網走川を橋で渡った場所につくられた。

正門（復元）はレンガ積み。入所者の心を折るような寒々しいデザインかと思いきや、まるでテーマパークのような丸っこいデザイン。

←まずは施設の核となる「五翼放射状平屋舎房」へ。初期の獄舎が1909年に火災で焼失した3年後に完成。1984年まで72年間使われた。見張り部屋を中心として、中廊下の棟が5本、放射状に延びる。

おお、こんなにトップライトが…

これって、あと3本増築して「八翼放射」にしようとしたんじゃないかなぁ。メタボリズム？

放射状舎房は実物を移築したものだが、運営が民間ということもあって、独房に入ったりして楽しい。

出してくれー
←当時の懲罰房の模型

ここでいま一度、網走刑務所誕生の背景を振り返っておこう。ポイントは2つ。西南戦争(1877年)以降の囚人増加と、北海道開拓のための基幹道路の整備だ。

西南戦争後の国事犯の増加 → 本州の**刑務所不足**の解消

「中央道路」(札幌-網走)の開通 ← 対ロシアの防衛力強化

トイレ
意外と落ちつく…
現在の単独房(再現)

刑務所内はむしろ安堵の場だった？

中央道路の開削には、1000人以上の囚人が投入された。逃亡防止のため、2人1組でつながれながらの重労働。栄養失調などで200人以上が亡くなった。

休泊所(再現)
ヒュウウウ
丸太が枕

完全に閉じたコミュニティーであることも興味深い。食料は囚人が農園で栽培し、建物は登り窯でレンガを焼いて建設した。自分でつくった牢獄の住み心地ってどうなの？

三連登り窯(再現)

超過酷な現場作業に比べると、刑務所内はむしろ「生き返る場所」だった？(寒いことを除いては…)

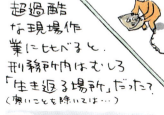

教誨堂(講堂/移築)
浴場(再現)
あ ここにもトップライト

広々とした講堂や、ボイラー式の浴場など、何も知らなければ研修所と思いそう。

日帰りできない囚人たちは、丸太の休泊所で寝泊まりした。この小屋は「動く監獄」と呼ばれた。
コワッ。

2 大正期

1912–1926

濃尾地震で西洋由来のレンガ造建築が大きな被害を受けたことを受け、
耐震構造が建築界の大きなテーマとなっていた。
そうした工学面を重視する学者たちが建築界の主流を占めようとするなかで、
それに反発して芸術としての建築を追求しようとする分離派の活動も起こった。
これを先導したのが、海外でのセセッションや
アール・ヌーボーといった新しいデザインの潮流だったが、
そのタイムラグはそれほど長くない。
つまり、日本の建築デザインが、欧米の動きに追いついた。
そんな時代がこの大正期だったといえる。
フランク・ロイド・ライトという世界的な一流建築家が、
建築作品を残したのもこの時代だ。

| 104 | 17 | 東京駅丸の内駅舎 1914
| 112 | 18 | 梅小路機関車庫［現・京都鉄道博物館］1914————寄り道
| 114 | 19 | 旧秋田商会 1915————寄り道
| 116 | 20 | 函館ハリストス正教会 1916
| 122 | 21 | 名和昆虫博物館 1919————寄り道
| 124 | 22 | 旧京都中央電話局西陣分局舎［現・NTT西日本西陣別館］1921
| 130 | 23 | 自由学園明日館 1921————寄り道
| 132 | 24 | 日本基督教団大阪教会 1922
| 138 | 25 | 帝国ホテル 1923
| 144 | 26 | 旧山邑家住宅［現・ヨドコウ迎賓館］1924————寄り道
| 146 | 27 | 下関電信局電話課［現・田中絹代ぶんか館］1924————寄り道
| 148 | 28 | 大宜味村役場 1925————寄り道

• 大正3年 •
1914

国技としての建築様式

辰野金吾

東京駅丸の内駅舎

所在地：東京都千代田区丸の内1-1-3 ｜ 交通：JR東京駅下車
指定：重要文化財

東京都

ガイドに案内されながら観光客のグループがカメラを建物に向ける。ドームの中に入ると、足早に改札を抜けようとするビジネスパーソンに交じって、飽かずに天井の装飾を眺めている。2012年に改修を終えた東京駅の丸の内駅舎では、そんな光景が日常的に見られるようになった。

　乗車人数も増えた。改修前はJR東日本エリアの駅でランキング5位だったが、改修翌年には、新宿、池袋に次ぐ3位にまで上昇した。

　改修の見せ場は、何といっても戦災で失われたドーム屋根の復元だ。実は工事が行われる前までは、屋根はそのままでもいいのでは、と思っていた。自分にとってはあれこそが見慣れた東京駅だったし、開業当初のオリジナル・デザインよりも仮設屋根の状態の方が、期間として2倍以上も長くなっていた。これはこれで歴史的な価値があるはずだ。しかし現在、このように多くの人が建物に注目している様子を見ると、復元は大成功だったといえる。

　それに、よく見ていくと、単純に創建時に戻したわけではないことも分かる。基本方針としては、当初の状態のまま残っている箇所は保存し、戦災で失われた箇所は復元を行う。レンガの外壁は2階部までが保存で、3階部は復元だ。ただし、ファサードの中央南寄りにある換気塔のように、戦前に増築されていた部分をあえて残した箇所もある。

　また南北のドーム内部では、3階以上の仕上げやレリーフは当初の状態に復元したが、1-2階は現在の駅に求められる機能を満たすべく、新しくデザインし直している。構造上の要求から太くせざるをえなかった柱は、フルーティング（縦溝）を模したデザインを踏襲。床面には、戦後復興で設けたローマのパンテオンを模したドーム天井の見え方を、石張りのパターンに置き換えて用いている。

　過去から現在に至る100年間、すべての時代へのリスペクトが、この改修には感じられる。建築保存の方法として、ひとつの見本となる態度だ。

相撲好きの建築家

　東京駅の設計は、もともとドイツの鉄道技師であるフランツ・バルツァーによって進められていた。この案は、千鳥破風の屋根が架かった和風の建物がバラバラと並んでいるというものだった。

　その後、設計者として呼ばれたのが辰野金吾である。日本銀行本店などを設計したほか、大学教授として多くの建築家を育てる役も負った。明治の建築界におけるリーダーだ。

　辰野はバルツァーの案を1つの長い棟にまとめ、和風を排したデザインに改めた。デザインは

A 西方向から見た全景｜**B** 出入り口の庇を支えるアールヌーボー風の装飾｜**C** 戦前に増築されていた換気塔部｜**D** 2階の回廊から北側ドームを見下ろす。柱は創建時より太くなっている｜**E** 北側ドーム。3階以上を当初の状態に復元し、1–2階を現代に求められる機能に合わせて新しくデザインした｜**F** 2階、ギャラリーの赤煉瓦展示室｜**G** ギャラリーに現れている鉄筋コンクリートの梁｜**H** 八角塔の内部に新設されたギャラリーの階段｜**I** ギャラリーの展示室になっている2階の八角塔内部

英国建築の流れに位置付けられるクイーン・アン様式。古典様式のスタイルを自由に組み合わせて使っている。

外観を特徴付けているのは、赤レンガと白い大理石で構成された紅白のストライプ模様だ。日本銀行京都支店（1906年、現・京都文化博物館）、旧盛岡銀行本店（1911年）など、辰野の他の作品にも多く見られる手法で、「辰野式」とも呼ばれる。

ところで建築史家の藤森照信は、著書の「建築探偵の冒険〈東京篇〉」（1986年、筑摩書房）のなかで、東京駅の建物を横綱の土俵入りに見立てている。ドーム屋根は大銀杏（おおいちょう）のようだとも。

そんな連想をしたくなるのは、辰野が大の相撲好きだったからだ。自宅には土俵があり、息子を相撲部屋に入れて相撲取りにならせようともしたらしい。そして国技館（1906年）も設計した。これは巨大なドーム屋根の建物だったが、1917年に火災で焼失した（その後、再建されるも現存せず）。

"日本の様式"を示す

辰野の国技館を調べていて分かったのは、相撲は明治時代、まだ国技としては認められていなかったということ。初めての相撲の常設会場が完成し、その名前がいくつかの候補のなかから「国技館」に決まる。それによって相撲は国のスポーツというイメージが定着したのである。

考えを巡らすと、東京駅の建設によっても、これと似たことが行われたといえる。ススキが揺れる野原に停車場をつくり、「東京」駅と名付けることで、そこが東京の玄関であり、日本の中心であることを印象付けた。

そして辰野は、建築様式においても同様のことを目指したとはいえまいか。建物をつくることによって、"日本の様式"を示すこと。それは決して、伝統的な和風の流用ではなしえない。過去の様式を持ち出しても、新しい近代日本にはそぐわないのだ。だからこそ、バルツァーの案は否定しなければならなかった。

日本では現在、赤レンガの建築が近代建築の同義語のようにも使われている。辰野による"日本の建築"のもくろみは、確かに成功したといえるだろう。

東京駅の下絵（基本計画）は"お雇い外国人"のフランツ・バルツァー（ドイツ人）が描いた。そこまでは知っていたが、バルツァーのデザインが和風だったことを、今回調べて初めて知った。

F. Baltzer 1857-1927

中央に皇室用乗降口、南側に一般乗車口、北側に一般降車口を配置。各部の立面図をつなぎ合わせると、こんな感じだったと推察される。しかし、バルツァーの帰国後にプロジェクトを引き継いだ辰野金吾は配置の考えは踏襲しつつも、洋風デザインに一新してしまった。

Kingo Tatsuno 1854-1919「古い」「ぐぐ」

辰野の第1案は→2階建てだった。しかし、日露戦争後の国威発揚ムードで予算が拡大。急遽3階建てに→変更された。その後は…

＜バルツァーの基本計画＞ 北 / 南

＜辰野の第1案＞

＜辰野の最終案＞　日露戦争に勝利！3階建てに

＜戦後の仮復旧＞　空襲で3階が焼失、2階建てに

＜2012年、本格復元＞　地下を免震化して復元！

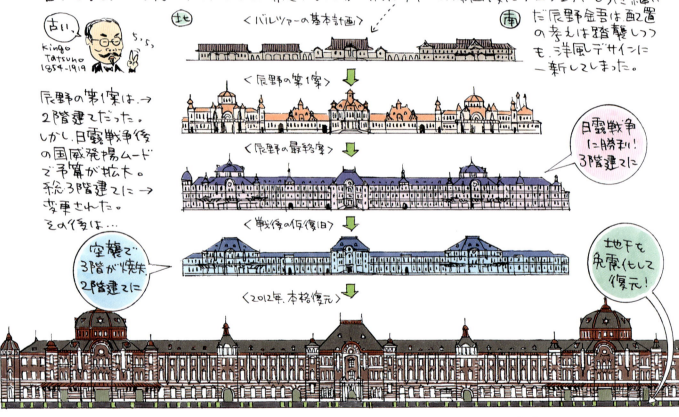

愛される理由その1： 東京駅は「維新後の日本」の映し鏡である。

筆者（宮沢）は、戦後の仮の姿もけっこう好きだった。
←直線で構成した潔い勾配屋根。
パンテオン（ローマ）を模したと思われるドーム天井。終戦の2年後にこのデザインは立派。

実は復元が決定するまで、建て替えの話が何度も浮上した。残ってよかったなぁ…。
←なかでも有名な十河構想（1958年）。十河信二国鉄総裁が打ち出した高層化案。

何度もの危機を乗り越え、東京駅が復元に至ったのは、そのデザインが一般の人に愛されているからであることは間違いない。では、なぜ日本人は、この"赤と白のシマシマ"にひかれるのだろうか？

辰野は、多くの銀行のほか、東京駅に先行して完成した万世橋停車場（1911年、下図）や、新橋駅（1914年）でも赤白縞模様を採用した。そもそも英国留学中の手紙で既に、このスタイルが「日本人にふさわしい」と書いている。何を根拠にそう思った？

万世橋停車場

江戸より前の文化で縞模様が使われているものを考えてみたが、全く思いつかない。別の記事を書くために三内丸山遺跡の資料を見ていて、「あっ」と思った。縄文土器は縞模様だ！しかも、縁の形が東京駅っぽいような…。

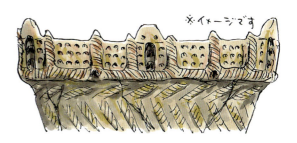

※イメージです

愛される理由その2：**東京駅は日本人のDNAだ！**

| 人に話したくなる 東京駅
10のトリビア

1. 秀吉の兜

ドーム上部のアーチ部分のキーストーンは、豊臣秀吉の兜がモチーフ。

リアル秀吉兜

2. 干支のレリーフ（8支）

アーチとアーチの間にある円形のレリーフは、干支の動物たち。ただし八角形なので8匹（下図の黄色部）。ちなみに、ここにいない卯・午・酉・子は、辰野が同時期に設計した武雄温泉楼門（1915年）の天井に付いている。

寅

辰

■ 復元
■ 保存

3. 月の満ち欠け

2.の干支は有名だが、これを知っていると、かなりのツウ。3階テラス下に8種の月のシルエット。

4. 床に旧天井を転写

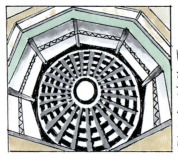

ドームの床に広がる放射状の模様は、旧ドームの天井（戦後の仮復旧）を転写したもの。

旧ドーム断面図

5. 柱は銀ではなかった

銀色に輝く柱を見ると、「辰野って大胆だったんだな」と思ってしまうが、そうではない。3階の床より下の部分は、2012年の復元時の新デザイン。もともとは薄緑色だった可能性が高い。

復元時の変更である記録として、柱頭部に「AD MMXII」（2012）の刻印。

6. 黒こげ木レンガ

東京ステーションギャラリーでは、当初のレンガ壁を2階展示室や階段室で見ることができる。黒いチェック柄のような部分は仕上げ材を留めていた木レンガ。空襲でこげたもの。

7. レンガ壁の凹み

レンガ壁をよく見ると、あちこちに不思議な形の凹みがある。これは、もともと壁に埋め込まれていた配管などの跡。

まるで遺跡ですね

←案内してくれたジェイアール東日本建築設計事務所の清水正人さん。

8. 屋根裏活用

東京ステーションホテルには、当初なかった屋根裏空間がつくられた。その代表が中央部の宿泊者用ラウンジ。→

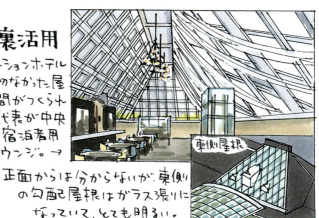

東側屋根

正面からは分からないが、東側の勾配屋根はガラス張りになっていて、とても明るい。

10. 3階に戻った柱頭装飾

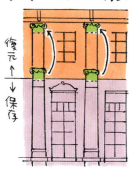

←復元／保存→

戦後の仮復旧で2階に下げられていた柱頭装飾は、3階に戻された。ヨカッタネ。

9. ドーム内を見下ろせるホテル客室

泊まってみたい…

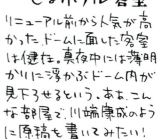

リニューアル前から人気が高かった、ドームに面した客室は健在。真夜中には薄明かりに浮かぶドーム内が見下ろせるという。ああ、こんな部屋で、川端康成のように原稿を書いてみたい！

• 大正3年 •
1914

寄り道

梅小路機関車庫 [現・京都鉄道博物館]

これぞ扇形車庫、これぞモダン！

所在地：京都市下京区観喜寺町
交通：JR京都駅から徒歩約20分。もしくはバスで梅小路公園・京都鉄道博物館前バス停下車　指定：重要文化財

京都府

鉄道院 [渡辺節]

2016年に新展示施設を加えて「京都鉄道博物館」に。その際、耐震補強を実施したため、右のイラストの一部に補強フレームが加わっている

明治期 1868–1912　大正期 1912–1926　昭和期 1926–1942

小樽市の手宮機関車庫3号(1885年)が鉄道草早期のレンガ造扇形庫であるのに対し、この梅小路機関車庫(1914年)は近代的RC造。20線・ほぼ180度の広がりを実現した。

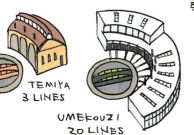

TEMIYA 3 LINES
UMEKOUZI 20 LINES

おぉ…コロッセオみたい…
(行ったことないけど)

いわば
扇形車庫の到達点
である。保存状態も良好。

壮観！

コンクリートの使用量を減らすためのハンチ(端部を斜めに太くした梁)が縦横に連続する。モダニズムの教科書を見るかのよう。

ハンチ
ハンチ

車庫内を見下ろす展望台あり。

扇形の外側部分は、ほぼガラス張り。天井には天窓もあって明るい！「様式」の「よ」の字もないこの建築、若き日の渡辺節が設計したって本当？そこのところ、はっきりしてほしい！

1915 大正4年 寄り道

旧秋田商会
素人発想ゆえのインスタ映え？

所在地：山口県下関市南部町23-11
交通：JR下関駅からバス7分、唐戸バス停から徒歩1分―指定：下関市指定有形文化財

山口県
不詳

塔を中心とする全体の形も記憶に残るし、細部も魅力的（特に窓回り）。屋上庭園も楽しく、"インスタ映え"ポイントが満載

| 明治期 1868-1912 | **大正期 1912-1926** | 昭和期 1926-1942 |

「擬洋風」という言葉に象徴されるように、近代建築の評価においては「誰が設計したのか」「それが建築教育を受けた人間であるか」が重要であるらしい。それを考えると「設計者不詳」「もしかしたら、オーナーの秋田寅之介が自分で設計したのかも…」というこの旧秋田商会ビルは、学術的な意味での傑作ではないのかもしれない。でも、そんな色めがねなしでじっくり見れば、この建築は実に面白い。

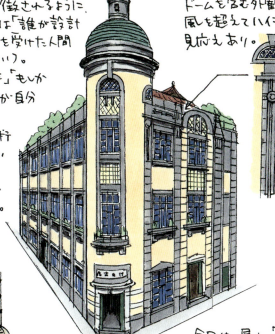

ドームを含む外観の意匠が実に丁寧。アールデコ風を超えてハイテクっぽさを感じさせる装飾は見応えあり。

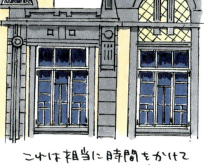

これは相当に時間をかけて図面をひいたものに違いない。

▼3F Plan

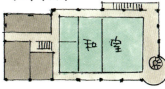

技術的な面でもチャレンジング。構造は鉄骨鉄筋コンクリート(SRC)造で、これは西日本では最初期のものだ。

2階と3階は、大空間の中に木造で書院造の住宅を設けた。要所に鉄の防火扉も。

今回は、屋上の「楼霞園」も見せてもらった。現存する屋上庭園では世界最古級という。

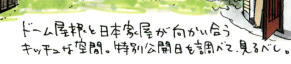

ドーム屋根と日本家屋が向かい合うキッチュな空間。特別公開日を調べて、見るべし。

イコンとしての建築

函館ハリストス正教会

所在地：北海道函館市元町3-13
交通：函館駅前電停から市電で十字街電停下車、徒歩15分 | 指定：重要文化財

•大正5年•
1916

北海道

河村伊蔵

函館市の西部、函館山の麓には、旧函館区公会堂、旧イギリス領事館（開港記念館）など、近代建築の名作が数多く集まる。瓦屋根が載った仏教寺院ですら、実は日本で最初の鉄筋コンクリート造寺院だったりするから、気を抜けない（真宗大谷派函館別院、1915年竣工）。

　そのなかでも、函館のシンボルとして広く知られている建物が、函館ハリストス正教会の聖堂だ。

　キリスト教にはカトリック、プロテスタントなどの教派があるが、ここは正教会。ハリストスとは正教会でキリストを意味する言葉だ。始まりは幕末期にまで遡り、函館が開港して間もなくできたロシア領事館の敷地内に建てられたものが初代の聖堂となる。1907年の大火で焼失した後、1916年に再建されたものが、現在の建物である。

　外観で目を引くのは、白いしっくいの壁とその上に載った鮮やかな緑青の銅板屋根だ。そして鐘塔といくつものクーポルが、シルエットに変化を与える。ロシア式の聖堂でしばしば見られるクーポルは、タマネギの形としばしば説明されるが、もともとは火の玉をかたどったものである。

　設計者は河村伊蔵。モイセイという聖名を持つ聖職者であり、建築の専門教育を受けてはいなかったが、ここ以外にも豊橋や白河などで正教会の聖堂を設計している。建築家、内井昭蔵の祖父にあたる人物でもある。浦添市美術館（1989年）など、内井の建築作品には、塔が重要なモチーフになっている作品があるが、その源流をたどれば、伊蔵が建てた正教会の聖堂へと行き着く。

この世と神の国の間にあるもの

　建物の中へと入ろう。正教会の一般的な形式に従って、大きく3つの空間に分かれている。

　玄関を入ってすぐ、前室のような空間が啓蒙所で、上には鐘塔が載る。その奥が信徒が祈る聖所。この聖堂では正方形の四隅を切り落とした形の平面に、ドームの天井が架かっている。

　そのさらに奥にあるのが至聖所と呼ばれる空間で、中央には宝座が置かれている。司祭が儀式の際に使う部屋であり、信者でも通常は入ることができない。

　至聖所と聖所の間には、イコノスタシスと呼ばれるついたて状のものが立っている。それを飾るのは、聖書に出てくる場面や聖人のエピソードなどを描いたイコン。これが正教においては非常に重要な役割を持っており、聖堂を理解するカギともなる。

　イコンとは、本来は形のない神がこの世に投影されて見えるようになったものとされている。それは、この世から神の国を見る窓のようなもので、こ

A 全景。鐘塔とネギ花状のクーポルが屋根からいくつも突き出て変化のある外観をつくる｜B 屋根の詳細｜C しっくいの白壁をモールディングが施されたアーチや円が飾る｜D 正方形の角を落とした八角形の平面をもった聖所。床には花ゴザが敷かれている｜E 聖所のドーム天井を見上げる｜F 聖所の正面に位置する聖障（イコノスタシス）。日本初のイコン画家、山下りんらが絵を描いている

の世に肉体をまとって現れた神としてのキリストにも例えられる。

イコノスタシスも同様なのであり、来世としての至聖所と、現世としての聖所の境界である。そして聖堂自体も、この世にいる者が来世を感じるための場所である。本来は見ることができないものを、見て感じとれるようにするメディアであること。その点において、イコンも聖堂も同じものといえる。

興味深いのは、正教におけるイコンが、美術としての絵画とは違うものとされている点だ。人間による創作物ではなく、あくまでも神が投影したイメージなのである。そのため元来は、それを描いた作者も署名しないし、絵が傷んでくればその上から描き直してしまう。アートというよりはデザイン、あるいは建物づくりの在り方に近いものなのだ。

イコノクラスムの果てに

歴史を遡ると、8世紀の東ローマ帝国では、イコンが偶像崇拝にあたるとして禁止され、破壊された。イコノクラスムという運動である。

教会内部の対立を経て、イコンは再び認められるようになるが、その後いくたびも、イコンの排撃運動は起こる。16世紀の宗教改革後にカトリックから分派するプロテスタントでも、十字架以外の聖像を排している。イコノクラスムは歴史のなかで繰り返されるのだ。

建築家の磯崎新は、近代芸術運動も一種のイコノクラスムだった、としている（六耀社「磯崎新の建築談義 #04 サン・ヴィターレ聖堂」）。建築におけるモダニズムは、まさにそれにあたる。装飾をなくし、建築家が形をつくること自体を否定しようとしたからである。

それは今も起こっている。外観のシンボル性で目を引く「アイコン建築」はたびたび批判にさらされ、「建てない建築家」や「つくらない建築再生」が雑誌の特集タイトルになる。

建築の形は消滅していくのだろうか。そうではない、と先に挙げた著書で磯崎は述べている。

「破壊され否定されるたびに新たな図像がレベルを変えて立ち現れる。果てしない追いかけっこでもあります。偶像破壊が起これば、偶像の愛好症が増大する」

その通りだろう。イコンとしての建築はなくすことができない。函館ハリストス正教会の爽やかなる聖堂の外観を眺めながら、そう思った。

函館山の名所、ハリストス正教会。「ハリストス」とは、ロシア正教でキリストのことを言う。イエス・キリストは「イエス・ハリストス」。なるほど、そうだったのか。

今回は初めてのロシア式建築ということで、知らないことばかり。唯一知っていたのは、内井昭蔵の祖父、河村伊蔵が設計者であるということ。ちなみに内井は、幼い頃、正教会の拠点であるニコライ堂(東京)を自分の家のように育ったという。

河村伊蔵 聖職者兼建築家
← 数多くのハリストス正教会を設計
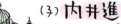
(子)内井進

ニコライ堂が遊び場

(孫)内井昭蔵

能書きはそのくらいにして函館山へ。

← まずは、石段の上にチラリと見える遠景が気分を盛り上げる。

外観はどの方向から見ても→
フォトジェニック！さほど
↓ 大きくはないのに
大聖堂のような
シルエット。

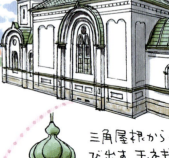

シルエットだけでなく、窓まわりの造形も繊細！「引いて良し、寄って良し」

三角屋根から飛び出す、玉ネギのような小屋根を「クーポル」と呼ぶ。

そうか、「キューポラのある街」のキューポラ(炉)って、煙突の形が語源だったのか。

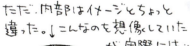

ただ、内部はイメージとちょっと違った。↓こんなのを想像していたが、実際には…

ドーム天井なのね
主役はあくまでイコンということか

イコン(聖像)画家・山下りんによる聖障(イコノスタシス)

クーポルは採光用ではなく、純粋な意匠だった。

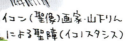

キリスト
福音記者

聖堂の上の5つのクーポルは、キリストと4人の福音記者を表している。なるほど。

なるほど、とは思ったものの、それならば、世界遺産であるプレオブラジェンスカ教会(ロシア・キジ島)のクーポルは何を表している？(計20個以上)

理由はさておき、「内と外の一致」なんて全くおかまいなしに突き進んだデザインは、現代建築にはない躍動感に満ちあふれている。

内井の設計で2000年に完成した長谷寺記念館(木材の記念館)は「1本の大きなクーポル」と見ることもできる。

この2年後に内井は他界。なんか暗示的だなぁ。

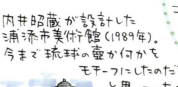

クーポルのことばかり考えていたら、「あっ」と思い浮かんだのが、この建築。

内井昭蔵が設計した浦添市美術館(1989年)。今まで琉球の壺か何かをモチーフにしたのだと思っていたが、これはまさしくクーポル!! ニコライ堂の原風景？ それとも祖父や父へのオマージュ？

• 大正8年 •
1919

寄り道

名和（なわ）昆虫博物館

築100年、今も変わらずの奇跡

所在地：岐阜市大宮町2-18
交通：JR・名鉄岐阜駅からバスで岐阜公園・歴史博物館前下車、徒歩2分
指定：登録有形文化財

岐阜県

武田五一

こんな建物が現役で使われていることが奇跡としか思えない。隣に立つ木造の記念昆虫館（1907年）も武田五一の設計だが、そちらは見学不可

大正時代のレンガ造建築が今も現役の
展示施設として使われている。しかも、設計者
は"関西建築界の父"ともいわれる武田五一。
…そんな建築があることも知る人は少ないの
ではないか。「名和昆虫博物館」(1919)。
日本で最初の昆虫
専門博物館だ。

「ギリシャ神殿風の切妻を載く…」といった説明の資料が
多いが、それはメソロだけの話。全体は「様式」とはかなり遠
い"直線モチーフの反復デ
ザイン"だ。ギリシャ風という
より、1980年代の高松伸風
に見えるのは、私だけ？

「ARK」▶
高松伸.1983

内部は1,2階ともレンガの壁は
見えない。開口部が規則的に
並ぶ明るいホワイトキューブ。

1階中央に立つ1本の
丸柱は、初代館長、
名和靖の提案により、
唐招提寺金堂(奈良)
のシロアリ被害木も
再利用したものだ。

この施設、岐阜公園内にあるため公立に思えるが、そうではない。現館長は5代目に当たる名和哲夫氏。氏によれば「補助金に頼らなかったので大正のまま残った」とのこと。タイムスリップしたようなこの空間、岐阜に行くなら見るべし！

1921 ・大正10年・

夭折の建築デザイン

旧京都中央電話局西陣分局舎 [現・NTT西日本西陣別館]

所在地：京都市上京区油小路通中立売下ル甲斐守町97
交通：地下鉄今出川駅からバスで今出川大宮下車すぐ｜指定：重要文化財

逓信省［岩元禄］

京都府

細い道路が碁盤の目のように走る京都の西陣地区。密集する建物の中で、ひときわ異彩を放っているのがNTT西日本の西陣別館だ。

　この建物は京都中央電話局西陣分局舎（西陣電話局）として1921年（大正10年）に完成。現在は電話局としては使われておらず、ベンチャー企業のためのインキュベーション施設となっている。

　全体の形はシンプルな直方体で、脇に階段室の塔が付き、上には溝形が付いた柱が並ぶバルコニーが載る。独創的なのは北面、東面の各ファサードだ。

　北面は壁が中央の出窓を囲むように半円状に薄く飛び出し、それをレリーフが埋めている。そして、これを支える太い円柱の上を、裸婦の胴体彫刻が飾る。これに比べれば東面のデザインはおとなしいが、列柱の上に張り出す庇の裏をよく見ると、北面と同じレリーフが一面を覆っている。

　同じ頃にオーストリアで興ったウィーン分離派などといったヨーロッパの表現主義建築を思い起こさせるデザインだ。

　設計者はNTTや日本郵政の前身にあたる官庁である逓信省の営繕課で、その技師だった岩元禄が担当した。明治時代の建築家が、西洋から様式建築を移植することに腐心していたのに対し、大正時代になると設計者が自らの芸術的センスを振るった建築が現れてくる。そうした新しい建築デザインを、先駆けて実現させたのが岩元だったといえるだろう。

　なお階段室の上部にライオンの頭が付いているが、こちらは施工の監督として参画していた十代田三郎によるものとされる。十代田は後に早稲田大学教授となって建築構法などを教え、野尻湖ホテル（竣工1933年、現存せず）などを設計した。こちらも興味深い人物なのだが、今回は置いておくとして、岩元についてさらに追いかけてみよう。

29年間の短い生涯

　1893年（明治26年）に生まれた岩元禄は、東京帝国大学建築学科を卒業した後、逓信省に入る。ちなみにその頃の逓信省には、後に服部時計店（現・和光）などを設計する渡辺仁がいた。また、1年後には東京中央郵便局などを代表作とする吉田鉄郎が、2年後には長沢浄水場などを代表作とする山田守が入省する。つまり逓信省は優秀な建築家が集う梁山泊だった。

　逓信省に入った岩元は、5カ月間の軍隊入営期間を挟んで、設計に取り組む。国策として通信インフラを急速に整備しようとしていた時代であり、逓信省の営繕課もとにかく忙しかったのだろう。

A 北側の正面を見上げる。アーチ状の突き出し部には、レリーフが張られ、その中央に出窓がある｜**B** 3階のバルコニー部。絶好の見晴らし｜**C** 柱の上にある裸婦の像。大理石の粉をモルタルに混ぜた擬石でつくられている｜**D** 正面の壁にあるレリーフ。縦横とも約1m｜**E** 東側の軒裏にもレリーフがある｜**F** 2階、事務室の出窓を内側から見る

入ったばかりの岩元も、設計を任されることになり、最初に手掛けたのがこの西陣電話局だった。続いて、東京の青山電話局（竣工1922年）を設計。同年には、経緯は不明だが箱根観光旅館も設計している（いずれも現存せず）。

華々しく始まった岩元の設計活動は、西陣電話局の竣工を待たずにあっけなく終わる。逓信省を辞めて、東京帝国大学の助教授に就くのである。しかし間もなく肺結核の病に冒されて休職。翌1922年には亡くなっている。わずか29年間の短い生涯であった。

若くして命を落とした建築家といえば、詩人としても名高い立原道造がいる。しかし立原は、建築家としては存命中に作品を実現することができなかった。歴史に残る建築を残して20代で死んだ岩元は、日本で随一の、夭折の建築家といえるのではないか。

天才と早世がイメージで結合

ところでこの時代、建築界の外に目を向けると、若くして亡くなった芸術家や文学者は多い。

画家の青木繁は28歳、佐伯祐三は30歳、村山槐多は22歳で、彫刻家の中原悌二郎は33歳で、音楽家の瀧廉太郎は23歳で没している。文学者では樋口一葉が24歳、正岡子規が35歳、石川啄木が26歳で亡くなる。いずれも死因は、岩元と同じ肺結核だ。

結核は都市化による人口密度の上昇や、工場労働の増加といった社会環境の変化とともに広まった病であり、日本で死亡率が最も高かったのが1918年である。

そして結核という病の広まりには、不治の病という怖さとともに、ある種の魅力も伴っていた、という。

「若く美しい者が蒼白く死ぬといったものから、才能ある者が夭折するといったものまで一種独特の甘美なイメージが形成され、徐々に強固なものになっていった」（福田眞人著「結核の文化史」、名古屋大学出版会）

岩元という建築家の人生は、まさに才能と引き換えに命を失う天才というストーリーに合致するものだし、そこに耽美的な建築デザインが相まって、イメージの結び付きはより強固なものになっている。

岩元の表現主義的なスタイルは歴史に輝かしき光を残したが、それを継ぐ者は現れなかった。そのすぐ後に表れる合理主義的なデザインに押される形で、建築界から消えていく。建築デザインのスタイル自体が、夭折したのである。

夭折の天才ー。そんなフレーズで記憶される人が、各界に1人はいるものだ。

では、建築家はどうか。40代でも"若手"と呼ばれる建築家には、「夭折」で名を残せる人はいない？いや、それがいるのである。

岩元禄（1893〜1922年）。享年29歳。逓信省に在籍した2年間に、3つの建築を設計した後、肺結核で他界。そのわずかな期間に、山口文象（逓信省の製図工）、吉田鉄郎（逓信省の1年後輩）、山田守（同2年後輩）といった若手建築家たちに多大な影響を与えた。

その3つのうち、唯一現存するのが、西陣電話局である。（大正10年竣工）

何の予備知識もなく訪れたら、「バブル期につくられたポストモダン建築」と思うかもしれない。なんとも不思議なデザインである。

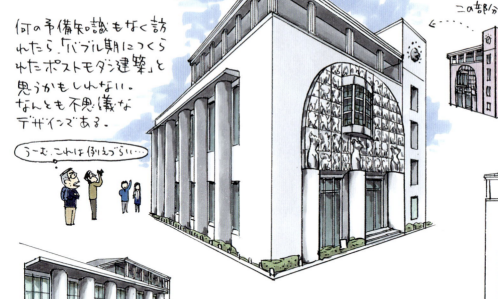

← 東面の1〜2階は、コンクリートの列柱をこれでもかと強調。3階ペントハウスは、木柱にモルタルでフルーティング（縦溝）を施している。東側だけを見ると、古典様式だ。

若き山口、吉田、山田らに衝撃を与えたのは、おそらく北側の立面だろう。見れば見るほど「なんじゃこりゃ！」

明治期 1868−1912 | 大正期 1912−1926 | 昭和期 1926−1942

衝撃1 3本の丸柱の上に、裸婦のトルソー（胴体彫刻）。モディリアニ風のデフォルメされた女性像。

衝撃2 48枚の裸婦のレリーフ。天女？

衝撃3 キャンバスとしての巨大アーチ。

古典様式では、ペディメントと呼ぶ切妻下の三角形→が装飾の見せ場だが、岩元はそれに飽き足らず、巨大なアーチ形のスペースをレリーフで埋め尽くしてしまった。

伝統的な西陣の街並みに、裸婦がびっしりの壁面。しかも、公共建築…。

若い女性がうつ向いて歩いたというのもうなずける。

ちなみに、岩元が逓信省で設計したもう1つの建築、青山電話局（大正11年）はこんなだった。↓

設計段階では、この列柱の上にも、裸婦のトルソーが付く予定だったという。しかし、東京では批判が多く、実現しなかった。想像です→

間近にこんな天才肌の先輩がいたら、才能ある若手は「この人と同じ方向を目指すのはやめよう」と思うに違いない。逓信省がその後、モダニズムのけん引役となった背景には、岩元の奔放さに対する反作用があったのかもしれない。

門司郵便局←（大正13年）山田守

大阪中央郵便局→（昭和14年）吉田鉄郎

No.23

1921 大正10年 寄り道

自由学園明日館
ターミナル駅から5分の豊饒空間
フランク・ロイド・ライト

所在地：東京都豊島区西池袋2-31-3
交通：JR池袋駅から徒歩5分―指定：重要文化財

東京都

講堂（1927年）で結婚式を挙げ、食堂で披露宴というコースもあるそう。講堂の設計はライトの弟子の遠藤新で、こちらもかっこいい！

池袋は宮沢の地元。駅から5分ほどの場所にこんな名建築があるのは池袋民の誇りだが、知っている人は少ないと思う。

でも、だからこそ、いつ行っても静かで落ち着く。もっと知ってもらいたいような、知られたくないような…。地元民としては複雑。

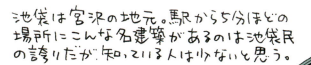

見どころはいろいろあるけれど、1枚描くならやはり中央のホール。あらゆる部位がグラフィカル。帝国ホテルにも負けていない。

単純なラインで空間が締まる！

そして、床に落ちる影までが見事に美しい！

誰もがうっとり。ディス・イズ・ライト！

2次元の模様のようなイス。意外に座り心地がいい。

1922
・大正11年・

ミッションとしての建築

ウィリアム・メレル・ヴォーリズ

日本基督教団大阪教会

所在地：大阪市西区江戸堀1-23-17｜交通：地下鉄肥後橋駅下車、徒歩5分
指定：登録有形文化財

大阪府

大阪の中心部は1945年の大空襲でほとんどが焼失した。しかし、奇跡的に焼失を免れたエリアもある。淀川の南側、肥後橋の西辺りもその1つだ。ここを歩くとチラリチラリと戦前の建物を目にすることができる。日本基督教団大阪教会はそうした街並みのなかにある。

この教会は米国から来た宣教師のゴルドンが1874年に大阪で始めた梅本町公会を前身とする。創立年は1874年というから、日本におけるプロテスタント系教会のなかでも最も長い歴史を持つものの1つだ。

現在の教会は、1922年に建てられた。設計したのは米国出身の建築家、ウィリアム・メレル・ヴォーリズである。1階は鉄筋コンクリートと鉄骨の併用、2階はレンガ造に木造の屋根を架けている。1995年の阪神淡路大震災では大きな損害を受けたが、すぐに復旧した。

建物は本体の脇に塔が付く構成。前面道路から見上げると、レンガ壁のざらりとしたテクスチャーに目を奪われる。そして、その中央には見事なバラ窓が取られている。

入り口の扉を開けると玄関ホールで、左右両側に分かれた階段を2階に上がると、礼拝堂になっている。

中に入ると、両側に連続する大きな半円アーチが目を引く。正面にもアーチがあり、それがプロセニアム形式の舞台のようだ。並んでいるベンチも弧を描いており、アーチと調和して美しい。

アマチュアとして建築家に

設計者のヴォーリズは、米国カンザス州の出身。もともとは建築家を志し、マサチューセッツ工科大学の建築科に進むことを決めていたが、全米各地のクリスチャン学生が集まる大会で海外宣教師の講演を聞くと、建築家への道を捨て、自らも宣教師として海外に渡ろうと決心する。

1905年に来日。赴任地は滋賀県の近江八幡だった。そこにある県立商業高校の英語教師の職に就き、課外活動として聖書を講じる。出席する学生は多かったが、仏教を信仰する地域住民から警戒されてしまい、わずか2年でクビになってしまう。

職を失ったヴォーリズだが、日本を去ることはなかった。京都基督教青年会館の新築に際して現場監督を依頼され、それをきっかけに設計事務所を開くことになる。

つまり本格的な建築教育も実務の経験もないアマチュアとして、ヴォーリズは建築の世界に飛び込んだのだ。そして元来持っていた建築の才能を

A ロマネスク様式の建物。妻面の上部にはバラ窓がある｜**B** フランドル積みのレンガ。色むらが風合いを感じさせる｜**C** 礼拝堂内部を見下ろす。ベンチが円弧状になっている。内陣にもアーチが架かる｜**D** 内側から見たバラ窓｜**E** 礼拝堂の上に架かるキング・ポスト・トラスの小屋組み｜**F** 礼拝堂の内部から側廊のアーチを見る。その奥の窓もアーチ形

開花させた。もちろん1人では無理なので、米国から建築の実務者をすぐに呼び寄せてはいるが。

ヴォーリズはまた、近江兄弟社を設立して塗り薬「メンソレータム」を製造・販売したり、近江八幡に結核療養所、幼稚園、学校などを開設したり、と多面的な事業を行った。いずれもビジネスではなくキリスト教の伝道を目的として、取り組んだものだ。建築の設計は、彼の活動の一部でしかない。

とはいえその作品数は膨大で、設計した数は1500件に及ぶともいわれる。

「米国から来て留まる」建築家

なかでも多く設計を手掛けたのが、教会やミッション・スクールなど、キリスト教関連の施設だ。そのリストには、青山学院、関西学院、東洋英和女学院、同志社、明治学院、西南学院などなど、全国の名だたる大学が並ぶ。よく見るとその多くは、プロテスタント系だ。

一方、聖心女子大学、南山大学、上智大学など、カトリック系の大学を多く手掛けた建築家がアントニン・レーモンドである。

ともに米国から来て、日本で多くの建物を設計した建築家だが、ヴォーリズとレーモンドは、生き方において大きな対比を見せる。

レーモンドはオーストリア・ハンガリー帝国（現在のチェコ）で生まれて米国に移住。そこで建築家となり、フランク・ロイド・ライトのスタッフとして日本へとやってくる。ライトからの独立後も日本に残って建築活動を行うが、日米間で戦争が勃発すると帰国。終戦後、日本で建築家の活動を再開するものの、晩年には米国にまた戻って、そこで没した。故郷を失って世界をさまよう人生は、まさにボヘミアンだ。

逆にヴォーリズは、日本を訪れるとその後の生涯をそこで全うする。日米間で戦争が始まれば日本に帰化し、自らを「一柳米来留」と名乗った。「米来留」とはメレルに漢字を当てたものだが、「米国から来て留まる」の意味とされる。ヴォーリズにとって日本で活動することは、神から託されたミッション＝使命であり、だからこそ、そこを離れるわけにはいかなかったのだろう。

建築家にとってある場所に赴くことは、たまたまそこに建築のプロジェクトがあったからにすぎない。それが終われば、また次の場所へと移っていく。それがほとんどの建築家のスタンスだ。しかしヴォーリズは、プロジェクトを運命と捉えて、その場所にとどまるという建築家の生き方もあるということを教えてくれる。

今回の巡れ地は、日本基督教団大阪教会（1922年竣工）だが、興味はまずヴォーリズという建築家自体に向かってしまう。ヴォーリズは建築史のなかで深く論じられることが少ない。理由はおそらく「正式の建築教育」を受けていないから。文系出身の筆者（宮沢）はなんとなく親近感を抱いてしまう。

親近感

いいね、そうだね。

キリスト教伝道のために1905年、近江八幡にある商業高校の英語教師となったヴォーリズだが、「生徒への影響が大きすぎる」と2年でクビになってしまう。だが帰国せず、学生時代から憧れていた建築設計の道へ。生涯に手掛けた建築は1500件超。活動期間を50年とすると、年30件。住宅が多いとはいえ、驚異的。

辰野金吾 ／ レーモンド ／ ヴォーリズ

近江八幡には戦前のヴォーリズ建築が多く残る。ほとんどは、どこかの洋風建築の引用という域を出ないが、なかには独創的なものもある。その1つが旧八幡郵便局（1921年）。

アンドリュース記念館 1907
ツッカーハウス 1918
ハイド記念館 1931

和と洋とエスニックなものが混在した、伊東忠太のようなデザイン。

ヴォーリズの立面構成のうまさが表れている。

ヴォーリズ記念病院にある玉葉館（1918年）も面白い。結核患者のためのサナトリウムで、5つの病室がホールから放射状に突き出す。（現在は不使用）

ホール

しかも、コンクリートの台形基礎の上に建物がふわりと載っている（湿気対策か？）。まるで吉阪隆正か菊竹清訓のような前衛性。

1923 •大正12年•

３次元の浮世絵

フランク・ロイド・ライト

帝国ホテル

所在地：愛知県犬山市字内山１博物館明治村内｜交通：名鉄犬山駅からバスで約20分
指定：登録有形文化財

愛知県

明治時代の建築を後代に伝えるための屋外博物館が明治村だ。愛知県犬山市にある入鹿池のほとり、100ヘクタールの敷地に、60以上の建物を移築して公開している。その最奥のエリアに、帝国ホテル中央玄関がある。

帝国ホテルは東京の日比谷に1890年に開業した。1910年代に入ると、日本を訪れる外国人の増加に対応するため、新館の建設を計画。その設計を米国の建築家、フランク・ロイド・ライトに依頼する。ライトはアントニン・レーモンドらのスタッフとともにこれを設計するが、工事費の増額などを理由に工事途中で解雇。弟子の遠藤新らが1923年に完成させた。開業式の当日に関東大震災に遭ったが、それに耐えて残ったのは有名なエピソードだ。

東京を代表するホテルとして営業を続けたが、1960年代になると、客室数をさらに増やしたいという要求と、建物が不同沈下を起こしており構造上の不安が見られたことなどから、建て替えられることになる。

しかし、ライトの名作建築が失われることに対して、反対を表明する人が多く出る。日本で初めての本格的な建築保存運動が起こったのである。その声は遠くライトの本国にも届き、当時の総理大臣、佐藤栄作が訪米した際、米国人の記者からこの件についても質問されている。一民間ホテルの問題ではなくなっていたというわけだ。

結果として、建て替えは行われたものの、その玄関部分を、2年前に開館していた明治村へ移して残した。明治でなく、大正期の建物ではあるのだが。

モダンな空間構成

池越しに正面から見る建物は完全な左右対称。東京の日比谷にあったときは、背後にレストランやオーディトリウムを擁する棟が続き、両側には客室棟が並列に延びていた。ライトは1893年のシカゴ万博で、平等院鳳凰堂を模した日本館を見ている。帝国ホテルの建物配置には、その影響が指摘されている。

池を回り込んで車寄せへと向かうと、大谷石、スクラッチタイル、テラコッタを組み合わせた独特の装飾が目を引く。

玄関を入ると3層吹き抜けのロビーに出る。外部と同様に、内部も装飾で埋め尽くされている。特に注目すべきは、中に照明を仕込んだ太い柱。隙間から光が漏れ出すことにより、空間の重苦しさを払拭している。

ライトの装飾は、ゴシックやアール・デコ、マヤの

A 正面から見る｜**B** ラウンジ側面の外壁｜**C** 車寄せ側面の大谷石の壁。部分的にテラコッタがはめ込まれている｜**D** ロビーの奥側を見る。当初はダイニングルームが奥に続いていた｜**E** ロビーからラウンジへと上がる短い階段。部屋同士は壁で仕切られることなく、床レベルの違いによって緩やかに分けられていく｜**F** 両脇にあるラウンジ｜**G** ロビーの吹き抜け空間を支える柱には照明が組み込まれており、テラコッタの隙間から明かりが漏れる｜●［博物館明治村・利用案内（2018年3月現在）］入村料金：大人1700円｜開村時間：9:30－17:00（3月－7月、9月、10月）

遺跡などが参照源として語られる。日本におけるライト研究の第一人者、谷川正己氏は、日光東照宮からの影響を推測したりもしている（王国社刊「フランク・ロイド・ライトとはだれか」）。

多様な解釈が可能な装飾が、この建築の大きな魅力であることを認めたうえで、あえてそれ以外の箇所に目をやってみよう。

まずは空間について。ロビーの両脇に階段があり、6段ほど上がるとラウンジへ。そこからまた7段ほど上がると、ティーバルコニー。そして階段は非公開の3階ギャラリー部へと至る。部屋が分かれているのではなく、高さが少しずつ異なる床が、間仕切り壁なしにつながっていく。この空間構成の妙こそ、実はそれまでの建築にないものだ。ライトがモダニズムの巨匠として評価されるゆえんである。

あまりに素っ気ない天井

もう1カ所、気になる部位は天井だ。装飾の多い柱や壁と比べて、あまりに素っ気ないのである。移築に際して装飾が省略されたのだ、と思う人もいるに違いない。しかし、かつての内観写真を見ると、当初からこうだった。装飾にこだわったライトが、なぜ天井だけ、真っ白な平面にしたのだろう。

推測できる理由の1つは、天井高だ。吹き抜け部を除くと、天井は意外なほどに低い。住宅設計で評価の高かった宮脇檀や、その先生に当たる吉村順三が設計した建物を訪れると、天井高がぎりぎりまで抑えられ、それが人間のスケールにフィットしていて感心させられるのだが、その師匠筋をたどっていくと、レーモンドを介してライトにたどり着く。日本の住宅空間の系譜が、このホテルから始まったともいえるのだ。その低い天井高がうっとうしくならないよう、天井への装飾を避けたのかもしれない。

別の理由もあり得る。それはライトが浮世絵の愛好者であり、有名なコレクターだったことと関係している。

浮世絵では、人物画でも風景画でも多くの場合、背景が抽象的な面として単純化され、それが手前のものを浮き立たせる効果をもたらしている。ライトは天井面を背景として捉え、柱や壁の装飾を引き立てるために白く塗り残した。その手法には、日本の浮世絵が参考にされたのではないか。

ゴッホ、セザンヌ、ロートレックなど、浮世絵から大きな影響を受けた西洋の画家たちがいることは広く知られているが、ライトもまたその1人だった。帝国ホテルは、建築家ライトが挑んだ、3次元の浮世絵なのである。

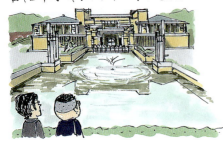

やって来ました、明治村。
目指すは帝国ホテル中央玄関。

たかが玄関？いいえ。
そんな上から目線は、この車寄せ
を見ただけで吹き飛ぶはず。

↓内部は、ロビーとそれを取り巻く諸室が保存されている。

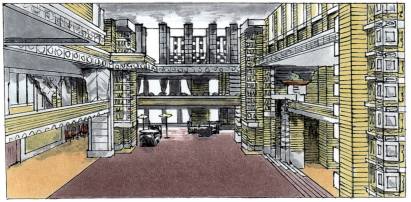

ロビーは3層吹き抜けで、上階のスラブがせり出すダイナミックな空間。
テラコッタの隙間からもれる光が神秘的な雰囲気をかもし出す。

それでは、お待ちかね(?)の
WRIGHT'S DETAIL CHECK!

トップライト。
ここまでせずとも…

照明。
影がきれい！

開口部の装飾
(金箔入り合わせガラス)

穴あきテラコッタ1

穴あきテラコッタ2

大谷石彫刻2

大谷石彫刻1

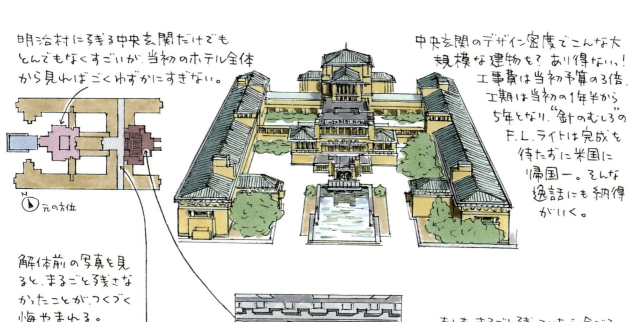

明治村に残る中央玄関だけでも とんでもなくすごいが、当初のホテル全体 から見ればごくわずかにすぎない。

中央玄関のデザイン密度でこんな大規模な建物を？あり得ない！工事費は当初予算の3倍。工期は当初の1年半から5年となり、"針のむしろ"のF.L.ライトは完成を待たずに米国に帰国—。そんな逸話にも納得がいく。

解体前の写真を見ると、まるごと残さなかったことが、つくづく悔やまれる。

え、こんな劇場まであったの？669人収容の本格ホール。

もしも、まるごと残っていたら、今ごろ、世界遺産になっていたかもしれない。でも、東京の地価を考えると、やっぱり、こうなってるだろうなぁ…。

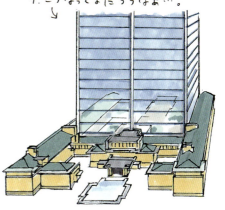

南北のプロムナード？は、照明のシェード↗がかっこ良すぎる！

中庭も見たかった…。

• 大正13年 •
1924

寄り道

旧山邑家住宅［現・ヨドコウ迎賓館］

妥協なき細部に何を思うか

所在地：兵庫県芦屋市山手町3-10
交通：阪急・芦屋川駅から徒歩10分。JR芦屋駅から徒歩15分｜指定・重要文化財

フランク・ロイド・ライト

兵庫県

ディテールが複雑なだけでなく、断面構成も複雑。デジタル設計の時代にライトが生きていたら、とんでもない建築をつくったに違いない

「バリアフリー」が社会の共通認識となった昨今、こんな住宅を雑誌で発表したら「建築家の傲慢」とバッシングを受けるかもしれない。フランク・ロイド・ライト設計、旧山邑邸（1924、現・ヨドコウ迎賓館）。

芦屋川からの見上げ

ライトが意図したのかは分からないが、建物は緑に覆われ、ほぼ見えない。こんな全体像を想像できる人はほとんどいないだろう。

「地上4階建て」と言えされてはいるが、内部に小階段が多く、何層あるのかさっぱり分からない。

しかし、その複雑な高低差がこの建築の最大の魅力といってよいだろう。

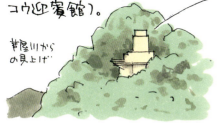

飾り金物が落とす影も小階段によって複雑さが増す。

←こんな銅板装飾も、こんな開閉式小窓（上）も、メンテナンスを考えれば絶対にやらないだろう。

実際、こうした手の込んだディテールが雨漏りの一因となったという。だろうなぁ…

ただ、それらは今の建築家がはなからNGと決めつけてしまういろんなデザインの面白さを改めて気付かせてくれる。自分の殻を破りたい建築家はぜひ！反面教師とするか、未開拓の領域と捉えるか——。それはあなた次第？

1924 大正13年 寄り道

様式のようでアンチ様式

旧下関電信局電話課 [現・田中絹代ぶんか館]

所在地：山口県下関市田中町5-7
交通：JR下関駅からバスで7分、唐戸バス停から徒歩5分　指定：下関市有形文化財

列柱をこれみよがしに使いながらも、柱の上部には飾りをつけず「様式の否定」をアピール。「ポストモダン」を先取りしていた？

逓信省

← 山口県

この施設は"建築保存運動の見本"ともいえるドラマチックなプロセスを経て、今日に至る。

その外観は、90年前の完成時とほとんど変わらない。フルーティング(糸継溝)を施した列柱が特徴的。その上部はスパッと切れており、"アンチ・様式主義"を主張しているように見える。

大正13(1924) 下関電信局 → 昭和44(1969) 下関市福祉センター → 昭和53(1988) 下関市庁舎第一別館 → 平成5(1993) 解体方針決定 → 平成11(1999) 解体反対の声高まる → 平成22(2010) 全面保存に転換 田中絹代ぶんか館

設計したのは、逓信省営繕課。後に京都タワーや日本武道館などを設計する山田守(1894-1966)が担当したといわれるが、確証はないらしい。確かに、先端をとがらせた「パラボラアーチ」が、山田の出世作である

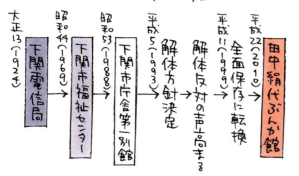

←東京中央電信局(1925、現存せず)に似ている。一方、列柱の意匠は、岩元禄の青山電話局(1922)にそっくり。当時の逓信省若手が主導したことは間違いない。

この施設、耐震補強されているが、ブレースが全く見当たらない。なぜかというと…

 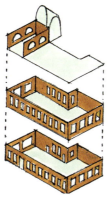

12mm厚の鋼板で、壁の内側をぐるりと補強したからだ。それにより当初の空間イメージを守った。なるほど。

「なぜ女優の田中絹代なのか」という疑問にも、ちゃんと答えがある。当時、電話交換手は女性の花形職業であった。そのイメージを、同じ近代を生きた職業婦人である田中絹代に重ねたという。なるほど

• 大正14年 • 寄り道

1925

大宜味村役場
長生き村の長寿コンクリート建築

所在地：沖縄県大宜味村字大兼久157-2
交通：バスで大宜味村役場前下車、徒歩5分
指定：重要文化財

現存する沖縄最古の鉄筋コンクリート造とされるこの建物。中央の八角ゾーンなど空間的にも面白く、つくり手の気合いが伝わってくる

清村勉

沖縄県

沖縄の建築といえば、今ではほとんどが鉄筋コンクリート（RC）でつくられているが、沖縄RC造の第1歩はこの時代から始まった。

清村勉（1894年熊本生まれ）の設計で1925年（大正14年）に完成した大宜味村役場庁舎。

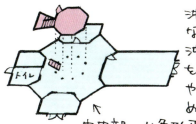

沖縄県国頭郡技師となった清村は、3ヵ月間、沖縄北部の公共建築を見て回り、シロアリ被害や台風被害を減らすため、RC造の採用を決めた。

中央部の八角形平面は台風時の風の影響を軽減するためという。

もちろん、それは建築家として空間の面白さを追求したものでもあろう。

施工は地元の金城組。大宜味は農地が少なかったため、大工となって村外で活躍する人が多かった。彼らは技量が高く、賞賛を込めて大宜味大工と呼ばれた。

今でもつくるのが難しそうな複雑な形状。しかも、海の間近。それでもきちんと施工してあれば、90年もつんだなぁ。

大宜味は「長寿の村」としても知られる。お年寄りを大切にするように、建物も大切にする土地柄ということか。それを知って庁舎の平面図をそえて見てみると、長寿の象徴「亀」に見えてきませんか？

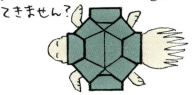

3 昭和期

1926-1942

この時代、日本で生み出された建築は質量ともに充実していたと言えるだろう。
大都市の目抜き通りには巨大なオフィスビルや百貨店が建ち並び、
景勝地には海外からの観光客を当て込んだリゾートの建設も進む。
スタイルとしては、従来の歴史主義を否定した表現主義や
アール・デコといった新しいデザインが次々と現れるなか、
最後の真打ちとしてモダニズムが登場。
一方で、日本独自の様式を模索する動きも起こる。
短い期間のうちに様々な建築スタイルが現れる華々しい時代だった。
しかしそれも束の間、戦争が始まると戦時統制の下で材料の調達もままならなくなり、
建築家の新しいデザインへの挑戦も行われにくくなっていく。

152	29	一橋大学兼松講堂 1927	
158	30	聴竹居 1928	
164	31	イタリア大使館別荘 1928	———寄り道
166	32	甲子園ホテル［現・武庫川女子大学甲子園会館］1930	
172	33	綿業会館 1931	
178	34	東京中央郵便局 1931	———寄り道
180	35	横浜市大倉山記念館 1932	———寄り道
182	36	大阪ガスビルディング 1933	
188	37	大丸心斎橋店本館 1933	
194	38	日本橋髙島屋 1933	———寄り道
196	39	旧日向別邸 1934, 36	
202	40	築地本願寺 1934	———寄り道
204	41	軽井沢聖パウロカトリック教会 1935	———寄り道
206	42	万平ホテル 1936	
212	43	黒部川第二発電所 1936	
218	44	国会議事堂 1936	
224	45	宇部市渡辺翁記念会館 1937	
230	46	旧東京帝室博物館本館［現・東京国立博物館本館］1937	———寄り道
232	47	原邦造邸［現・原美術館］1872	
238	48	東京女子大学礼拝堂・講堂 1938	
244	49	橿原神宮前駅 1940	———寄り道
246	50	前川國男邸 1942	

1927
・昭和2年・

怪獣たちのいるところ

伊東忠太

一橋大学兼松講堂

所在地：東京都国立市中2-1｜交通：JR国立駅から徒歩10分
指定：登録有形文化財

東京都

明治19年(1886年)に設立された造家学会は、明治30年に建築学会へと変わる。この名称変更を提案したのが伊東忠太である。翌年には東京帝国大学の造家学科(現在の東京大学工学部建築学科)も建築学科に改称。以後「アーキテクチュア」の訳語として「建築」という言葉が定着する。それを広めた張本人が伊東というわけだ。

伊東は日本で最初の建築史家である。東京帝大で辰野金吾のもと建築を学ぶと、大学院では本格的な日本建築史の研究に進み、博士論文として「法隆寺建築論」を執筆。そして法隆寺の膨らんだ柱が遠くギリシャから伝わったものであるとの仮説を検証すべく、アジアからヨーロッパまでを横断する調査旅行に出かける。しかしそれを確かめることはかなわず、代わりに中国で雲崗石窟(5世紀の石窟寺院)を発見したりもする。

他方で伊東は、建築家でもあった。平安神宮(1895年)、明治神宮(1920年)などの神社建築のほか、日本初の私立博物館である大倉集古館(1927年)や珍しいインド風の寺院、築地本願寺(1934年)など、多くの建物で設計を手掛けている。

特徴としてよく知られているのが、奇怪な動物の像を建物に取り付けること。震災記念堂(1930年、現・東京都慰霊堂)、湯島聖堂(1935年)、築地本願寺などにそうした動物が見られる。なかでもその数と種類が最も多いのが、今回、取り上げる一橋大学(旧・東京商科大学)の兼松講堂だ。

由来も不明な怪獣たち

建物を見ていこう。ファサードは切妻形の立面に、大きく3連の半円アーチが上下に重なり、その中に窓と玄関が収まる。壁にはメダリオン(円形の装飾レリーフ)が付き、そこには既に動物がいる。玄関まわりの柱頭にも、装飾の中に何匹もの動物の顔が並ぶ。

内部に入ると、ホールのプロセニアム(舞台の額縁)もきれいな半円を描いている。半円アーチはロマネスク様式の特徴で、素朴で平明な空間の印象は、これによるところが大きい。そして、そこかしこで目に付く、不思議な姿をした動物たち。アーチの下、階段の手すり、照明の器具など、付けられそうなところにはすべてそれがあるといってもいい。

動物の装飾は、これもロマネスク様式に見られる特徴だ。例えば東京・神田にある丸石ビルディング(設計：山下寿郎建築事務所、1931年)もロマネスク様式の建物で、これにも多くの動物像が付く。ただし、こちらにいるのはライオン、フクロウ、ヒツジなどの実在する動物たち。対して兼松講堂に見られるのは、その多くが龍、獅子、鳳凰といった空想上

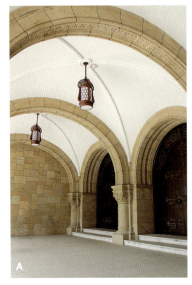

A 交差ボールトが架かる玄関ポーチ｜**B** 正面玄関のアーチを支える柱頭の装飾。海の怪獣か?｜**C** 2階のロビーでアーチを支える怪獣｜**D** 2階のホワイエ｜**E** 舞台のプロセニアム(額縁)も半円アーチ｜**F** プロセニアムを支える柱頭には十二支の彫り物｜**G** ホール内部の側面にいるのはコウモリ?｜**H** 地下にある階段の手すり。獅子が吐き出している

の動物たちである。

それだけではない。名前も由来もよく分からない不思議な顔かたちをしたものもある。そして圧倒的な数と種類。一体これは何をもくろんだのだろう。

断片から浮かぶ壮大な物語

おびただしい数の動物像を見て歩きながら、思い出したのがビックリマン・シールだった。

これはロッテのチョコレート菓子のオマケで、シールのオモテ面には悪魔や天使などのオリジナル・キャラクターが一体ずつ描かれている。これが1980年代後半、子どもたちに爆発的ブームを巻き起こした。

オマケ付き食品の大ヒットとしては、1970年代前半の仮面ライダー・スナックなどの前例もあったが、それらとビックリマン・チョコレートは根本的に異なる、と評論家の大塚英志は言う。仮面ライダーのような、元になるマンガやアニメの原作が存在しなかったからである。

それならどうして、子どもたちはビックリマンに熱狂したのか。

ビックリマン・シールの裏面には、キャラクターについての短い解説が記されている。1枚だけでは分からないが、数多く集めていくうちに、悪魔たちと天使たちが戦う壮大なストーリー、言い換えれば裏設定が浮かび上がってくる、という仕掛けだ。

「〈大きな物語〉の大系を手に入れるために、その微分化された情報のかけらである〈シール〉を購入していたわけである。したがって、製造元の菓子メーカーが子供たちに〈売って〉いたのは、チョコレートでもなければシールでもない。〈大きな物語〉そのものなのである」（大塚英志著「物語消費論」）

伊東忠太は、建築においてビックリマン的な楽しみ方を先取りしていたのではなかろうか。

彼が建築史で構想したのは、ギリシャのパルテノンと日本の法隆寺といった、時代も場所もばらばらな建物をつないで、大きな物語を紡ぎ出すことだった。

そして建築の設計においても、ひとつずつの動物像を捉えるだけでは分からない、それらの間を想像で補完することによって初めて見えてくる大きな物語が、実は仮定されていたとも考えられる。

それを読み解くには、伊東忠太と同じ妄想力がいるのかもしれないけれど。

生き物の彫刻をたくさん埋め込んだ建築といえば、まず頭に浮かぶのは名護市庁舎(1981年)だろう。南面には計56匹のシーサーが並ぶ。

一橋大学兼松講堂(1927年)には、それをはるかにしのぐ百数十匹の生き物が埋め込まれている。

あれ、意外にまっとう…

といっても、遠景ですぐに気付くような派手な置き方ではない。

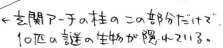

←玄関アーチの柱のこの部分だけで、10匹の謎の生物が隠れている。

展開図を描いてみると、こんな感じ。

描いてみて分かったのだが、この柱、こんな複雑な断面。生き物たちの居場所をつくるため？

彫り込まれた生き物の種類は、柱によって異なる。(全部に名前を付けてほしかった…)
さらに2階のアーチ窓の上部には、それらの番長格とおぼしき3匹(鳳凰、獅子、龍)が、円盤に封印されている。

あっ、大学の校章にも、ヘビが…

生き物探しにいきなり熱中してしまいそうになるが、まずは大小のアーチが連続するロマネスクの美を味わいたい。

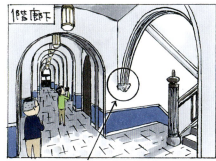
階段廊下

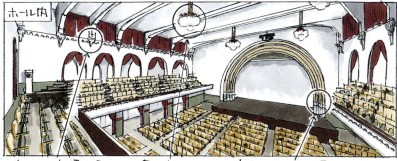
ホール内

そのうえで、いざ生き物探索へ。レンタル映画で本編を見たあと「副音声」でもう一度見返すような楽しさがある。

アーチの付け根は、必ず2匹1組。
片方が「あ」で、もう一方は「うん」。

コウモリ？火をはくゴジラ？
ホールの梁↑ 照明の上→

舞台のアーチには、からみ合う十二支。

よくこんな茶目っ気のある人が、アカデミズムのどまん中で影響力を持ったなぁ…。

伊東 忠太
1867-1954

西洋建築を学ぶなかで日本建築史を創設。「造家学会」から「建築学会」への改称にも貢献。

1934
1930

伊東は築地本願寺や震災記念堂などにも多数の生き物をひそませた。そうした建築が、アカデミズムのなかで傍流とならなかったのは、当時「建築は人を楽しませるもの」という意識がごく当たり前だったからだろう。

そんなことを考えながら、東西面→のアーチ窓の装飾をながめていたら、この形が生き物たちの"卵"に見えてきた。伊東は「いつか、もっと生き物を加えて、見る人を驚かせたい！」という思いを、この卵形に込めたのかもしれない。

モダン住宅と着物美人
聴竹居

• 昭和3年 •
1928

藤井厚二

所在地：京都府大山崎町｜交通：JR山崎駅から徒歩
指定：重要文化財

京都府

京都と大阪の間に位置する大山崎は、天下分け目の戦いの舞台となった「天王山」の麓だ。木立の間の坂道を進んでいくと、石段の上にその建物は見えてきた。建築家の藤井厚二が自邸として設計した実験住宅、聴竹居である。

　玄関を抜けると広い空間に出た。図面で居室と記されているところである。ここに面して様々な部屋が設けられている。

　最初に目に付くのは、4分の1円の形に抜かれた間仕切りの奥にある食事室だ。ここは床が一段高くなっている。その対角線上には、読書室のボリュームが同じように居室側に食い込むようにしてある。

　そしてもう一方の対角線上には、畳が敷かれた小上がりと客室がある。いずれも居室と一体化する空間だ。中心にある居室を媒体にして、様々な部屋を結び付ける巧みな平面計画である。

　そして居室の南側には縁側と名付けられた部屋が東西に延びる。この部屋は今でいうカーテンウオールの構造方式を採用することにより、大きなガラス面を実現している。現在は庭の木々の隙間からしか見えないが、竣工当初は桂川、宇治川、木津川の三流が合わさる雄大なパノラマを窓越しに見晴らすことができたはずだ。

　コーナー部は、ディテールの工夫により方立てを目立たなくして、ガラスを直角に突き付けで収めているかのように見せている。こんなところにも、藤井のデザインに対する執着が見て取れる。

環境技術での実験

　設計者の藤井厚二は、東京帝国大学の建築学科を卒業後、帝大出身者として初めて竹中工務店に就職。大阪朝日新聞社（1916年、現存せず）などの設計を担当してから、京都大学建築学科の教職に請われて就く。そこで最初に担当した講座は、建築設備だった。

　環境的な技術への関心は、聴竹居でも各所で見て取れる。天井の排気口を通じて換気を行ったり、クールチューブの手法を用いて冷たい空気を導入したり。パッシブな環境制御手法だけではない。住宅内で使うエネルギーをすべて電気で賄おうと試み、電気コンロ、電気給湯器、電気冷蔵庫などといった当時の最新機器を備えていた。

　こうした実験住宅を、藤井は自邸として繰り返し建てた。聴竹居はその5軒目に当たり、それまでの実験の集大成として建設されたものだ。

　考えたものを実際につくり、自分で体験してその効果を確かめることを繰り返す。建築家のなかには、壮大すぎて実現しない建築を構想するタイプ

A 縁側のコーナー部を外から見る | **B** 庭越しに桂川、宇治川、木津川の風景を見晴らす縁側。サンルームとして機能する | **C** 透明感を究めた縁側の角部 | **D** 縁側の天井には排気口が設けられている | **E** 居室に付く3畳の小上がり。その下の引き戸はクールチューブの吹き出し口 | **F** 居室に食い込む食事室。床は一段上がっている | **G** 食事室からアール・デコふうの開口を通して居室を見る | **H** 床の間が設けられた客室。家具も藤井のデザイン。椅子は着物を着た人が座りやすいようにしたもの

の人物がいるが、藤井はその対極に位置するといえるだろう。

和風と洋風のマッチング

　環境面での工夫は確かに重要だが、藤井が聴竹居で試みた実験は、それにとどまらない。和風と洋風をいかにマッチさせるかも、大きなテーマだった。

　それは例えば、畳の床と椅子座の床で高さを変えて、座る人の視線を合わせたり、板張りの洋室なのに引き戸を採用したりといったところに表れている。

　特に斬新なのが、床の間と造り付けのソファベンチが同居する客室だ。ここに置かれた肘掛け椅子も藤井がデザインしたもので、高い位置に背が付いている。これは、着物を着た人が座ったときに、帯のお太鼓が椅子の背にぶつからないよう配慮したのだという。先進的なモダン住宅だが、そこで暮らす人の衣服は、着物が想定されていた点が興味深い。

　明治時代になって日本では西洋建築が建てられるようになるとともに、衣服にも洋装が入ってきた。しかし着物がすぐに廃れたわけではない。

　小野和子編の書籍「昭和のキモノ」によると、大正末期の調査でも、大阪・心斎橋筋を歩く女性のうち洋装だったのはわずかに１％。日常着として一般的なのは着物であり、外出着としても技術革新により生まれた新しい生地の着物でおしゃれを楽しんでいた。そのなかには従来の伝統的な文様だけでなく、アール・デコなど、最新デザインを採り入れたものもあったという。大正から昭和初期にかけてこそが「まさに百花繚乱の様相を呈し、ある意味でキモノ文化が極まった時代だった」のである。

　着物を前提に住宅を設計することは、時代状況から自然なことだったといえる。しかし新しい技術への関心が高かった藤井のことだから、着物とモダン空間の取り合わせも、多分に意図的だったのではないか。

　思い出したのは、少し前によく流れていた液晶テレビのCM。ルイス・バラガン、フューチャー・システムズ、坂茂らによる名作住宅の中に、着物姿の吉永小百合がたたずんでいるというシリーズだ。モダン・デザインの空間と着物女性の取り合わせが絶妙だったが、そうした美学を藤井は先取りしていたのかもしれない。

　この空間に吉永小百合がいるところを思い浮かべると、確かにはまっている。そんな妄想をしながら、聴竹居を後にした。

科学的アプローチを駆使したパッシブ住宅の先駆一。
そんなフレーズで紹介されることの多い、この聴竹居。
断面図は矢印だらけだ。
（空気の流れ）

確かに、今でもそのまま使えそうな
パッシブ・ディテールがあちこちにある。

縁側の天井排気口は
水平引き戸付き。

妻面・屋根下の通風突。

引き戸　引き戸

欄間の引き戸。

けれども「省エネ住宅の先駆」の
ように言われるのは少し違うようだ。
この住宅、当時としては最先端の"電
化住宅"だった。暖房や給湯に加え、
調理もほぼ電気。といってもヒートポンプも
IHもない時代だから
すべてが電熱器だ。

クールチューブ

斜面にある
外気取り入れ口。

台所にある
通気筒。床
下の冷気を
屋根裏に送る。

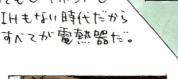

吹き出し口。この時代に
クールチューブがあったとは！

床下換気口
11個。外構
のポイントに
なっている。

電気湯沸かし器
シャワー
じょじょ

分電盤です

じょじょ
じょ！

案内してくれた松隈章さん

だから電化住宅といっても、今とは比べもの
にならない電力浪費型だったはず。「家計に
いい」とはとてもいえない電気代がかかっただ
ろう。エアコンのない時代に「いかに夏を快適に
すごすか」を考えた結果がパッシブだったのか

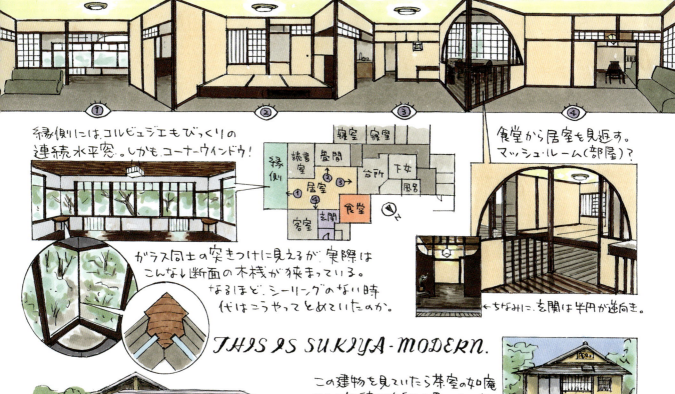

THIS IS SUKIYA-MODERN.

• 昭和3年 •
1928

寄り道

イタリア大使館別荘
レーモンドの繊細さに酔う

所在地：栃木県日光市中宮祠2482

交通：JR・東武日光駅からバスで50分、中禅寺温泉下車からバスで立木観音前下車、徒歩12分｜指定：登録有形文化財

アントニン・レーモンド

栃木県

スギの皮とスギ板を割竹で押さえるユニークな仕上げを内外に多用。特に、グラフィカルな天井が圧巻。強面（こわもて）なのに繊細！

アントニン・レーモンド（1888-1976）という建築家は「世界の建築史」的に見て、どれくらいの評価の人なのだろうか。正確なところは分からないが、おそらく「世界のモダニズム建築家20人」には入らないだろう。丹下健三はきっと入る気がする。

世界的にそれほど評価されない理由は、多分……
① 出身が日本でないので「和」と結び付けにくい。
② 太平洋戦争時における日本との微妙な関係。
（③ 顔がキビシそう…）

レーモンドを再評価してほしい！

この建築を見て、改めてそんな気持ちが湧き上がってきた。↓

日光・中禅寺湖畔に立つイタリア大使館別荘（1928年）。レーモンドといえば、量感あふれる造形が魅力だが、この建築は、形自体は何の変哲もない。

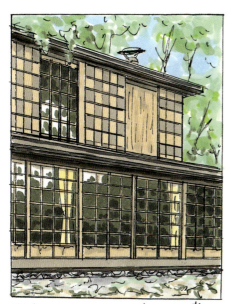

すごいのは、地元の日光スギを薄くスライスしてつくり出したさまざまな模様。外観はスギの市松模様とガラス窓の格子が、印象的な対比を生んでいる。

インテリアもかっこいい！日本の網代編みも用いながらも、見たことのない仕上がりに。
◀特に、リビングの天井が圧巻。

▲寝室もシンプルながら、うっとり。この仕上げ、どなたか復刻してはいかがでしょう？

1930 ●昭和5年●

シンボリックな環境装置

遠藤新

甲子園ホテル［現・武庫川女子大学甲子園会館］

所在地：兵庫県西宮市戸崎町1-13｜交通：JR甲子園口駅から徒歩10分
指定：登録有形文化財

六甲山から兵庫県の西宮市と尼崎市の間を流れて海へと注ぐ武庫川。その川に面した風光明媚な場所で、1930年に開業したのが、この甲子園ホテルだ。

　甲子園という名前は、プロ野球の阪神タイガースが本拠地としている甲子園球場が、十干十二支で言うところの甲子という縁起のいい年に完成したことから付けられたもの。これを建設した阪神電鉄は、周辺に遊園地、動物園、水族館、テニスコート、プールなども整備して、一大レジャーゾーンをつくり上げた。その一画にあるリゾートホテルとして、この建物も建てられた。

　開業後は海外からの賓客も含めて、大勢の利用者でにぎわったが、そんな期間は長く続かなかった。日本が戦争へと向かう社会情勢のなかで、まずは軍人用のホテルとなり、続いて海軍省が病院として収用。終戦後は進駐軍が将校の宿舎やクラブとして使った。

　接収は1957年に解除されるが、しばらくは大蔵省管理のまま放置される。ようやく払い下げが決まったのは1965年で、買い取ったのは武庫川学院だった。敷地は現在、武庫川女子大学の上甲子園キャンパスとなり、建物は建築学科やオープンカレッジの教室として使われている。なお、敷地内には広くて明るい建築スタジオ（竣工：2007年、設計：日建設計）もある。ここで学べる建築学生は、日本で一番恵まれているのではなかろうか。

凝りまくった造形

　建物を設計したのは遠藤新。フランク・ロイド・ライトのチーフ・アシスタントとして帝国ホテル（1923年）をはじめ、山邑家住宅（1924年、現・ヨドコウ迎賓館）や自由学園明日館（1921年）などの設計に携わる。ライトが帰国すると独立し、数多くの住宅や自由学園の一連の校舎などを手掛けた。甲子園ホテルは41歳の時の作品だ。

　建設を主導したのは林愛作だった。帝国ホテルの支配人だった人物で、ライト館の完成遅延や建設費上昇の責任を取って辞めていた。その再起を期して、理想のホテルを関西で実現しようとしたのがこの甲子園ホテルだった。辞任の原因となった建築家の弟子に声をかけたのだから、その手腕をよほど買っていたに違いない。

　建物のデザインは圧巻のひと言。ボーダータイルやテラコッタなど、質感のある素材を巧みに使い分け、その随所に細かな幾何学的装飾をあしらう。そこには一分の隙もうかがえない。ライトからの影響が見て取れるのは確かだが、それだけには決して終わっていない。いやむしろ、ライトよりもうまい

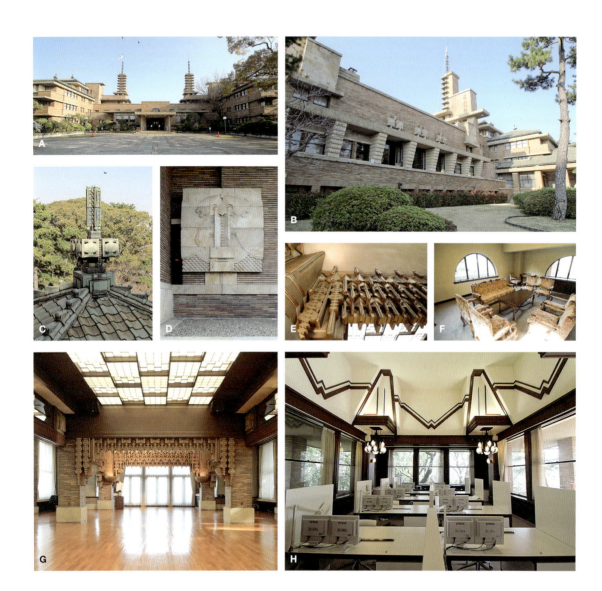

A 北側の正面玄関｜**B** テラスが張り出す南面。前には庭園が広がる｜**C** 緑の釉薬が用いられた屋根瓦と打ち出の小づちがあしらわれた棟飾り｜**D** バンケットホールの外側にある日華石のレリーフ｜**E** バンケットホールの木製装飾｜**F** 2階の貴賓室｜**G** 西翼のバンケットホール｜**H** 大学の教室として使われている東ホール。もともとはグリル（食堂）だった

のでは、と思うところもある。

　例えばそれは、外観のボリューム構成だ。左右対称の建物の中央部を低く抑え、その両側に客室ブロックを分節しながら配置。そこに垂直に立ち上がる細身の塔が、絶妙なアクセントとして効いている。

　水平に延びる庇が各所に付いて建物全体の共通モチーフとなっているが、これを縮小したものが塔の外側にも連続して付く。「エンジンや電子機器にある放熱フィンみたいだなあ」と思いながら眺めていると、実はこの塔こそが、甲子園ホテルという建築の意味を最もよく象徴している部位なのではないかと気が付いた。その訳は、こうである。

環境技術と建築デザインの統合

　甲子園ホテルでは、グリル（食堂）とバンケットホールに挟まれた中央部の半地下に厨房があった。南側からたっぷりと自然光が入る明るい空間で、現在は学生たちが工房として使う。

　この厨房の両側には縦穴が貫通しており、厨房やボイラーの煙突、暖炉の排気、通風などの機能が集約されている。

　それが外に現れたのが2本の塔だ。つまりそれは、外観の意匠と、環境調整の設備を統合したものなのである。

　遠藤が環境技術に取り組んだのは、この建物に限ったことではない。2年前の1928年に完成した加地別邸（神奈川県葉山市）でも、各部屋に暖炉を設けたり、屋根の棟飾りや撞球室の折り上げ天井に換気口を兼ねさせたりと、壁の中や天井裏を使って建物内に空気を回す仕掛けを随所に凝らしている。

　遡れば、実は師匠のライトこそが、こうした環境デザインをテーマにした建築の先駆者だった。建築評論家のレイナー・バンハムは、環境建築の歴史を追った著書「環境としての建築」で、ライトが設計したニューヨークのラーキン・ビル（竣工：1906年、現存せず）を真っ先に取り上げ、「ライトはどんな基準に照らしても、調整環境の建築の最初の巨匠とみなされなくてはならない」と位置付けている。

　空気を動かし、熱をコントロールする環境装置としての建築。現在のサステナブル建築の考え方と通じるものに、いち早く取り組んだのが、米国のライトであり、日本ではその愛弟子の遠藤新だった。甲子園ホテルは、そうした意味からも、高く評価すべき建築である。

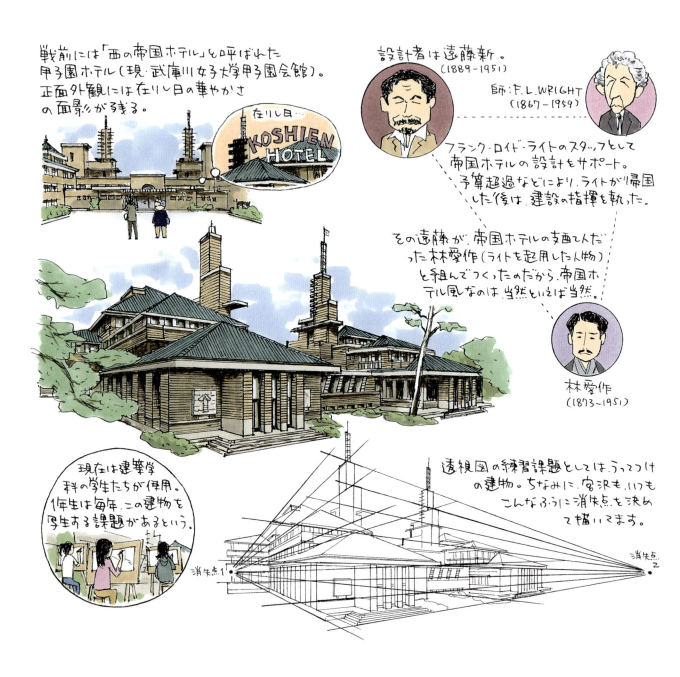

| 明治期 1868–1912 | 大正期 1912–1926 | 昭和期 1926–1942 |

平面は十字を2つ並べた形。図面ではこんなのだが、実は各部屋は微妙な段差で区切られており、各階とも小階段だらけ。（複雑すぎて筆者の画力では表現できません…）

まるで水が岩場を流れていくように、各部屋に導かれる空間構成は、まさにライト譲り。

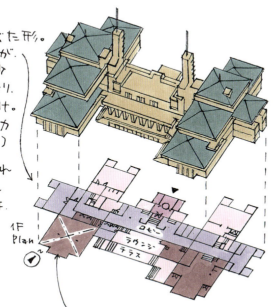
1F Plan

ディテールの幾何学パターンも、ライトっぽい。

内外装のタイル

南側テラスの石積み装飾（日華石）。

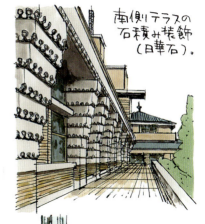

唯一「ライトっぽくないかも」と思えるのは、かつてのバンケットホール（現・西ホール）の天井。日本の障子をモチーフにしたと思われる光天井。ベタベタの和風に陥ることなく、空間になじんでいる。

帝国ホテルの亜流みたいに思われているかもしれないが、空間、ディテールとも帝国ホテルと互角のレベル。むしろ、今も現役で使われている分、こっちの方が躍動感がある。

いいのか？

それにしても、これほどの設計能力を持つ遠藤新が、師のデザインをまるごと踏襲することに葛藤がなかったとは思えない。

あちこちに見られる「打ち出の小づち」のモチーフは、「いでよ！自分オリジナルのデザイン！」という遠藤の願望だったのかも。

様式の松花堂弁当

1931 昭和6年

渡辺建築事務所
[渡辺節、村野藤吾]

綿業会館

所在地：大阪市中央区備後町2-5-8｜交通：地下鉄御堂筋線本町駅から徒歩5分
指定：重要文化財

大阪府

商都、大阪の中心として江戸時代からにぎわっていた船場地区。網の目のように走る街路に面して、戦前に建てられた近代建築が今も数多く残る。そのなかでも名作として挙げられるのが綿業会館だ。

　完成したのは1931年。東洋紡績（現・東洋紡）の専務取締役だった岡常夫が遺した100万円に、関係業界からの供出金を加えて建設費としたという。昭和初期の繊維産業が、いかに花形だったかがうかがえるエピソードである。

　建物は道路に面して引きを取らずに建ち上がっていて、車寄せもない。都市の建築であることを強く意識させる構えだ。

　玄関を入ると、すぐに天井が吹き抜けたホールに出る。トラバーチン（イタリア産大理石）が張られたアーチの回廊で囲まれた空間には、ハイサイドライトから自然光が差し込み、まるで屋外に居るよう。閉じてから開く構成が実に巧みだ。

　このホールに面して、1階には会員食堂、3階には談話室、会議室、貴賓室などがある。地下に下りるとバーを備えたグリルがあり、上の階には貸事務所、大会場（講演会やイベントに使える大ホール）、ゴルフ練習場など、多様な機能を収めている。「倶楽部建築」と呼ばれるビルディングタイプである。

「公」と「私」を併せ持つ建築

　倶楽部とは、言うまでもなく英語のクラブに漢字を当てたもので、共通の趣味や関心を持った人たちが集まる組織のこと。社交倶楽部、同窓倶楽部、同業倶楽部、運動倶楽部などがある。

　日本で最初の倶楽部は、1884年に誕生した東京倶楽部といわれている。設立の目的は、ジョサイア・コンドルが設計した鹿鳴館で夜会を催すためであった。

　時代が下って昭和に入ると、倶楽部の結成が盛んになり、その建物も多く建てられた。近代建築史に名を残す学士会館（設計：佐野利器・高橋貞太郎、1928年）、交詢社（設計：横河民輔、1929年）、軍人会館（現・九段会館、設計：川元良一、1934年）なども、この時期に建てられたものだ。郊外では、東京ゴルフ倶楽部（設計：アントニン・レーモンド、1932年）など、ゴルフ場のクラブハウスも増えていく。

　こうした倶楽部建築は、文化会館、シティホテル、体育館などの施設が都市にまだまだ整っていない状況において、そうした機能を先行して実現していたものであり、時代の先端を行くビルディングタイプだった。

A 南西から見た綿業会館本館の全景｜**B** 吹き抜けの玄関ホール。トラバーチンを張った階段の前に、元東洋紡績専務、岡常夫の像が置かれている｜**C** 玄関ホールを見下ろす。イタリア・ルネサンス調の２つの階段が交差する｜**D** 三休橋筋に面した玄関まわり｜**E** 会員食堂。華やかな装飾が天井を彩る｜**F** ジャコビアン・スタイルでまとめられた２階の談話室｜**G** 談話室の壁を飾るタイル・タペストリー

現在では、そのなかに含まれる機能が専門化したり、他のビルディングタイプと融合したりして、建築の設計テーマとしては存在感を弱めているように見える。

　建築史家の橋爪紳也は「倶楽部と日本人」（学芸出版社、1989年）のなかで、倶楽部建築を「社交を目的として、公私が混交する独特の中間領域である」と位置付けている。人々が出会い交わるための場であると同時に、自宅の延長のようなリラックスできる場所。そうしたパブリックとプライベートの両方の性格を併せ持つこうした空間は、都市には今でも求められているように思う。

混在する建築様式

　綿業会館を設計したのは、大阪における民間設計事務所の草分け、渡辺建築事務所だ。代表者の渡辺節のもと、チーフ・ドラフトマンとして村野藤吾が関わり、設計を仕上げている。

　渡辺は米国視察の経験をもとに、新しい材料や技術を熱心に採り入れた建築家で、綿業会館でも使われたテラコッタやプラスターは、そもそもは渡辺が輸入品を日本の会社に示してつくらせ、国産化したものだ。設備においても、将来の冷房導入を見越して地下に冷凍機を置くスペースを確保し、ダクトもあらかじめ大きく設計している。

　もちろん建築の見どころは別にある。それは内外の華麗な装飾だ。外観はコロニアルを加味したモダン・スタイル。玄関ホールはイタリア・ルネサンス、食堂は米国のミューラル・デコレーション、談話室は英国のジャコビアン・スタイル、会議室はフランスのアンピール・スタイル、貴賓室は英国のクイーンアン・スタイル、大会場は英国のアダム・スタイルと、部屋ごとにスタイルを使い分けている。その理由を渡辺は、「会員の好みに応じて好きな部屋でたのしんでもらいたい」と記している（「建築家　渡辺節」大阪府建築士会）。様式の混在は、大阪の建築家らしいサービス精神の表れだろう。

　思い起こしたのは松花堂弁当のこと。十字形に仕切った箱に、小さな器に盛った料理を収めたもので、見た目に美しいだけでなく、多様な料理を味や香りが混ざることなく出せるところに特長がある。考案したのは、船場の旦那衆に愛された料亭「吉兆」の湯木貞一。綿業会館の開館と同じ、昭和の初めからつくられるようになったという。

　様式を詰め合わせた松花堂弁当としての建築。大阪の都市文化を代表するものとして、これからもその魅力を味わい続けたい。

大阪・本町にある綿業会館。かつて「東洋のマンチェスター」と呼ばれた大阪綿業界の活気を今に伝える。クラシカルな外観から、てっきり明治・大正の建物かと思っていたが、昭和の竣工だった。それでも本館は築80年超の重女。

本館 (1931年=昭和06年)
新館 (1962年=昭和37年)

本館が完成した1931年の少し前には日本にもこんな"脱・様式"の建築が誕生し始めていた。

東京中央電信局 1925 山田守

白木屋 1928 石本喜久治

レーモンド自邸 1923 A.レーモンド

これぞ、社交場！

そんな新しい流れとは全く無縁とも思えるこの建築。あらゆる国の様式をサンプリングしたよう。

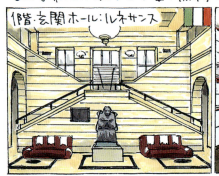
1階・玄関ホール：ルネサンス

3階・談話室：ジャコビアン

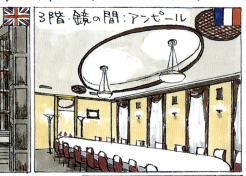
3階・鏡の間：アンピール

各部屋のディテールも、見どころ満載。なかでも目をひきつけるのが、3階談話室の色鮮やかな壁。

京都で焼いた窯変タイルを、渡辺が1枚1枚組み合わせを考えて貼ったという。

屋上にはなんとゴルフ練習場も。

屋上・紡績神社

明治期 1868–1912 ｜ 大正期 1912–1926 ｜ 昭和期 1926–1942

ダンディ！
SETSU WATANABE

設計したのは、様式の名手、
渡辺節(1884–1967)。
東大建築学科卒。鉄道院などを経て、1916年、渡辺建築事務所設立。大阪商船神戸支店(1922年)や大阪ビルディング(1925年)など、多様な様式建築を手がけた。

京都駅 1913 現存せず
大阪ビルディング 1925 現存せず

大阪商船神戸支店 1922 (現・神戸商船三井ビル)

でも、筆者はどうしても「村野藤吾を育てた人」という目で見てしまう。
村野藤吾(1891–1984)
早稲田大学在学中だった村野を渡辺が直接スカウト。1929年に独立するまで渡辺の片腕として活躍した。
TOGO MURANO

綿業会館は、村野が独立する直前のプロジェクトで、製図チーフも務めたとされる。

村野は渡辺事務所に入所した後も、公然と様式建築を批判し続けた。

その一方で、渡辺を「**生涯の師**」とも語っている。

綿業会館でいかにも村野っぽいと思えるのは、地下1階、食堂の壁にある象がんの抽象画。
こんなのがあちこちに。カンディンスキーみたい。

奇妙な師弟関係にも思えるが、渡辺が鉄道院時代に設計したといわれる、この建築を見ると納得がいく。

おおっモダニズム！

京都の梅小路機関車庫(1914年)。合理的な平面。一切の装飾を排除した明快な空間。当時の最先端にして、今見てもびっくりのモダニズム建築。
※112ページ参照

様式の名手、渡辺も、心根はモダニストだったのだ！渡辺のこんな言葉に、彼の建築観がよく表れている。
「建築は施主の意のままにつくるものではなく、建築家の意のままにつくるものでもない」。
あ、これって村野のログセ↓の元ネタなのでは…

「**施主が99%、建築家は1%**」
by 村野藤吾

学ぶべきはデザインよりも姿勢——。渡辺と村野の師弟関係は、実は理想的なものだったのかも。

1931 昭和6年 寄り道

東京中央郵便局
辛くも残った東京駅との対比

所在地:東京都千代田区丸の内2-7-2／交通:JR東京駅から徒歩約1分

逓信省[吉田鉄郎]

東京都

保存運動の先頭に立つ形となった鳩山邦夫氏(2016年逝去)は、少年時代に切手収集が趣味で、ここによく通っていたそう。写真は南側保存部

| 明治期 1868–1912 | 大正期 1912–1926 | 昭和期 1926–1942 |

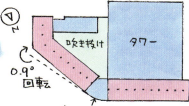

専門家の間では賛否両論のあった東京中央郵便局の保存改修。保存したのは、東京駅側の2スパン分のみで南西側は超高層化。

コーナー部は新築。元の角度と微妙に違う。

南東側の保存部は、元の位置だと免震装置が納まらないため、曳き家してわずかに角度を変えるという、とんでもなく大変な工事を行った。(日本人ってすごい！)それでも「外観保存は保存とはいえない」という厳しい声もある。

でも、筆者はこの保存が結構好きだ。まず、「元の建物の断面が見える」という空間体験が新鮮なこと。

柱が八角形であることもよく分かってgood！

解体した部分へのオマージュとしての柱跡(八角形)も心憎い。

新築部分の隈研吾による雨だれ風デザインも、主張しすぎず、いい感じ。

でも、やっぱり一番重要なのは、

東京駅から続くこの光景が残されたことだろう。

この景色を見るにつけ、旧丸ビルを保存しなかったことが悔やまれる。"イメージ保存"らしいけど、旧丸ビルとはかなり違うよなぁ。やっぱり一部であっても"本物"を残すべし！

1932

●昭和7年●

寄り道

横浜市大倉山記念館

「世界で唯一」でも成功なの?

所在地：横浜市港北区大倉山2-10-1
交通：東急東横線・大倉山駅下車から徒歩約7分
指定：横浜市指定有形文化財

神奈川県

長野宇平治

緑に囲まれた階段を上り、ぱっと視界が開けるとこの不思議な外観が現れる。内部も含めてタイムスリップしたような異次元建築

「プレモダン建築の多くがポストモダン的」——というのは、これまでも何度か書いてきたことだが、この大倉山記念館(1932年)は、その最たる例かもしれない。

絵画サークルの人たちが写生中でした。

訪れたとき、ちょうど長野宇平治展もやっていた。その資料の1つに、こんな説明が…。

> 大倉山記念館の建築様式は、長野宇平治によって「プレ・ヘレニック様式（ギリシア以前の建築様式）と名付けられました。（中略）長野は西洋の建築書・発掘報告書の蒐集・研究により、20世紀においてその再生に成功したのです。大倉山記念館は世界で唯一の「プレヘレニック様式」による近代建築ということになります。

世界で1つなのに「成功」なの？

「成功」かどうかはさておき、至る所に初めて見るディテールがどっさり。

まきまき。

ぞろぞろ。

どのディテールもスナック菓子っぽい？

ぎざぎざ。

長野宇平治は完成時65歳。"様式の名手"としての評価が確立していながら、その評価を投げ打って、"自分だけの様式"を探しだめたのか？ こんなマジメそうな→のに挑戦的！

● 昭和8年 ●

1933

合理的なる流線形

大阪ガスビルディング

安井武雄建築事務所

所在地：大阪市中央区平野町4-1-2｜交通：地下鉄淀屋橋駅から徒歩5分
指定：登録有形文化財

大阪府

御堂筋は大阪を代表するメーンストリートだ。その名前は江戸時代の初め、大坂夏の陣を記録した史料にまで遡れるという。それだけの歴史を誇る御堂筋だが、実は大正時代の半ばまでは道幅も狭く、平凡な道の1本にすぎなかった。拡幅されて現在の姿となったのは1933年、市営地下鉄御堂筋線の建設に合わせてのものだった。

これと同時に御堂筋に面して建ち上がったのが、今回、採り上げる大阪ガスビルディングである。建物は地下2階、地上8階建てで、3階から7階が貸室を含むオフィス。最上階の8階は完成当初から食堂で、本格的な欧州料理とともに大阪城まで見晴らせる眺めが客を楽しませたという。食堂は今も営業しており、カレーライスが人気メニューとなっている。

そして地下1階から地上2階までが、ガスの調理器具などを展示するショールーム。道路に面してアーケードが巡っており、大きなガラスを通して、建物内が見えるようにもなっている。また、2階には映画の上映や音楽会を催していた講演場もあった。企業の本社ビルとしてだけでなく、広く人々が集まり楽しむ都市建築だったといえるだろう。

またこの建物は冷暖房装置を当初から完備していた。全館空調を実現した建物は、大阪・大丸百貨店に次いで日本で2番目といわれる。また壁面へのライトアップを行ったのも、このビルが初めて。建築設備の面からも、先進的な建築であった。

ストリームライン・モダン

設計したのは安井武雄だ。東京帝国大学の建築学科を卒業して、南満州鉄道（満鉄）に就職。満州で駅舎の設計に携わった後、片岡建築事務所を経て、安井武雄建築事務所を創設。これが現在の安井建築設計事務所となる。

安井の作風は、ひと言でいえば合理的。この時代には、古典的な装飾を排した新しい建築スタイルが世界的に広まるが、その流れに乗ったものといえる。こうした動きは、近代主義、合理主義、機能主義、国際様式など、様々に呼ばれたが、安井自身は自らのスタイルを「自由様式」と名付けていた。

大阪ガスビルにおいて、その特徴がよく表れているのは、やはり外観だろう。十字路に向けてファサードが曲面で立ち上がり、ほぼ全面を覆う水平の庇がそのカーブを強調する。

建物のコーナー部を曲面で処理する手法は、1920－30年代の建築で盛んに採り入れられた。よく知られるのは、丸の内ビルディング（設計：三菱合資会社、1923年）、東京朝日新聞社（設計：石本喜久

A 南面を見上げる。水平に巡る庇と窓間に通る付け柱がファサードを美しく整えている｜**B** 南側のファサード。4階の出っ張りは当初、講演場の映写室だった部分｜**C** 御堂筋に面した1階のアーケード｜**D** 8階のガスビル食堂からは御堂筋の眺めが楽しめる｜**E** 曲面ガラスを用いたショーウインドー｜**F** 階段室の壁にうがたれた丸窓にはアールデコ調の装飾

治、1929年)、服部時計店(現・和光本店、設計：渡辺仁、1932年)などだろう。

こうした建築のスタイルは「ストリームライン(＝流線形)・モダン」ともいわれ、世界的な流行だった。

流線形がはやったのは建築ばかりではない。実は世を挙げてのブームだったのである。例えば鉄道車両。日本では1934-36年に、鉄道省のC55形蒸気機関車の2次車など、先頭を流線形に覆った機関車が誕生している。

この流れを先駆けていたのが、満鉄の特急あじあ号で、その華麗な流線形デザインは世界中から注目されたものだった。

あじあ号が走り始めたのは大阪ガスビル竣工直後の1934年。安井は満鉄を辞めて15年もたっているが、満鉄の日本国内支社を設計するなど、関係は保っていた。満鉄の車両デザインと安井の建築設計との間に、なんらかの影響関係があったのでは、と想像することもできそうだ。

都市建築ならではのスタイル

さて、米国で流線形をはやらせたデザイナーのレイモンド・ローウィは、著書「口紅から機関車まで」(1951年)のなかで、自動車に求められるスタイリングについて、こんな言葉を書き残している。「止まっていてさえ、スピードとモーションにみちみちて、まるで跳ね飛ぶグレイハウンドのように生き生きと見える」

つまりは、実際に速いかどうかではなく、速そうに見えるかどうかが大事なのであった。

鉄道においても、流線形を取るようになったひとつの理由は、空気抵抗を減らすためだったが、当時の日本の鉄道は最高速度が時速100kmにも達せず、空気抵抗を低減して得られる効果はほとんどないことがすぐに分かってしまった。そのため、メンテナンスに不便な流線形の覆いは、ほどなくして外されていく。要するに、鉄道において流線形は、機能ではなく象徴として、採り入れられていたのだ。

建築ではどうか。交差点のコーナーは車や人がスムーズに曲がれるよう、円弧で面取りを施している。その形のままに建物を立ち上げると流線形のファサードになるわけで、都市の建築ではこのデザインが必然性を持つ。これに気付いた合理主義者の安井は、してやったりと膝を打ったのではないか。

そう、動かないビルディングでこそ、流線形は合理的なのである。

大阪ガスビル(1933年)は、いくつかの意味で"奇跡の建築"だと思う。

⭐ 安井武雄の建築家人生における奇跡

安井武雄といえば、大阪倶楽部(1924年)や高麗橋野村ビル(1927年)、日本橋野村ビル(1930年)の設計者。

大阪倶楽部

高麗橋野村ビル

日本橋野村ビル

どれもクラシカルでエキゾチックな"重"の建築だ。それが一転、大阪ガスビルでは、モダンでインターナショナルな"軽"の建築を完璧につくり上げた。安井は完成時、49歳の中堅。突如、何かが降りてきたとしか思えない。

⭐ 都市建築としての奇跡

竣工当初から1階の東・南面にピロティ状のアーケードがあった。しかもコーナー部分には当初から曲面ガラスが使われていた。「ガスのある生活」に人々の関心を向ける最先端のショーケースだ。

アーケードの周囲に点在するガラスブロックの床も当初からあったという。アンビリーバブル、地下1階南側のトイレに入ってみるべし!

⭐ 大阪大空襲を免れ、竣工時と変わらぬ外観が残っている奇跡

第2次大戦時には、空襲の標的にされぬよう、外壁をコールタールで真っ黒に塗装した。その効果かは分からないが、1945年の大阪大空襲でも、一部の罹災で済んだ。

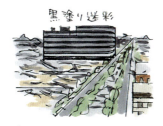

黒塗り迷彩

2006年の大規模改修時には、傷んだ外壁のタイルを別の仕上げに変えることも検討されたが、当初と同じタイルになった。モダンでありながら独特の温かみがあるのは、おそらくこのタイルのおかげ。残って良かった！

⭐ 増築によって魅力が増している奇跡

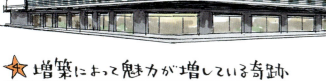

最大の奇跡は、1966年の増築によって、当初よりも格好良くなっていることではないか。単にまねるのではなく、現代性を加えながらも1期をひき立てる。

増築

いつかさらなる増築を行うことになったときにも、守りに入ることなく、最先端の技術を加えて、より魅力を増してほしい。

宮沢案→

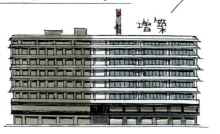

流行をつくり流行を超える

大丸心斎橋店本館※

ウィリアム・メレル・ヴォーリズ

・昭和8年・
1933

所在地：大阪市中央区心斎橋筋1-7-1 ｜ 交通：地下鉄心斎橋駅からすぐ
※2015年12月いっぱいで閉館し、建て替え工事中。この記事の写真は2015年に撮影したもの

大阪府

衣料品、電気製品、家具、食料品……。そこではなんでも売っていて、知らなかった新しい商品に出会うこともできる。しかも、見るだけだったらタダ。そんな夢のような場所が百貨店だった。
　世界最初の百貨店はパリのボン・マルシェ百貨店で、1852年に設立された。日本では、1904年に三井呉服店が三越へと替わる際に、「デパートメントストア」となることを自ら宣言していて、これが日本の百貨店の始まりとされている。
　大丸も江戸時代からの呉服店をルーツに持つ百貨店で、1912年に京都でまず百貨店形式の店舗を建設。大阪の本店もそれに続いて百貨店へと建て替えられた。これが現在へと至る大丸の心斎橋店である。
　場所は御堂筋と心斎橋筋に挟まれた一角。南北の両隣のブロックに別館ができたため、現在は本館と呼ばれているのが戦前の建物だ。しかしこれも一度に建てられたのではなく、心斎橋筋側の第1期が1922年、御堂筋側まで含めてすべてが完成したのが1933年である。
　まずは外観から見ていこう。御堂筋側は明快な3層構成のファサードで、低層部と高層部が白い石張り、中間部が茶色のスクラッチ・タイルの仕上げとなっている。コーナー部にはゴシック風の塔が付いて、外観を引き締めている。

　一方、心斎橋筋側はアーケードが架かっているためにファサードが隠されてしまっているが、入り口の上にあるクジャクをかたどったテラコッタの装飾が、存在感を放っている。
　中へと入ろう。するとそこは、風除室から売り場にいたるまで、天井全体が幾何学装飾で覆われている。まるで、空白であることを怖れるかのようでもある。エレベーターホールもまた見事で、尖塔アーチの形に扉のまわりが華やかに飾られている。

「近代商業の大聖堂」

　そこにいるだけで何か浮き浮きとして、モノを買わずにいられない気分になってくる。空間のデザインがそうした欲望の引き金になっているのであり、その意味で百貨店においては建築の力があった。だからこそ黎明期の百貨店は、それまでの土蔵造りの建物を洋風建築へと変え、その壮麗さを競うようになったのだ。
　戦後には新しい大規模店舗の形式として、スーパーマーケットやショッピングモールといったものが生まれるが、外観は概して素っ気ない。そして今、隆盛のインターネットショッピングでは、物理的な建築が消え失せてしまっている。大丸心斎橋店は、この種の施設で建築デザインが力を振るう

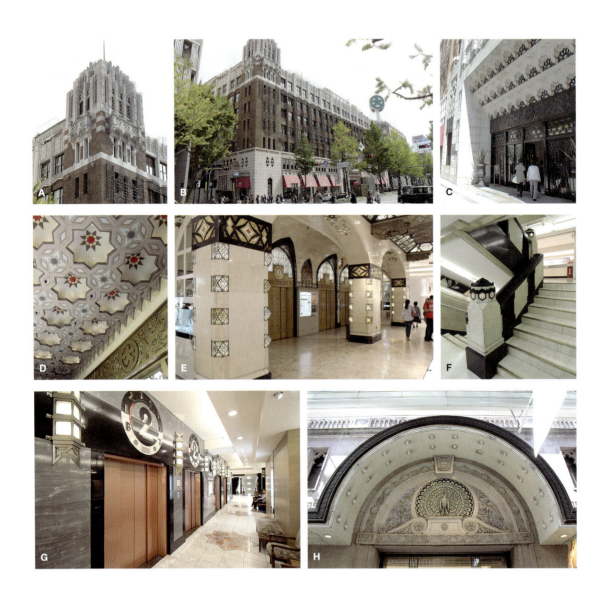

A 北西角にある「水晶塔」と呼ばれる塔｜**B** 御堂筋側（西側）の全景｜**C** 御堂筋側の入り口｜**D** 御堂筋側風除室の天井装飾はアラベスクのよう｜**E** 1階のエレベーターホール｜**F** 各階売り場をX字形につないでいく階段｜**G** 2階のエレベーターホール。階数表示がアール・デコ風｜**H** 心斎橋筋側の入り口の上を飾るテラコッタ製のピーコック

ことができた栄光の時代の記念碑といえるかもしれない。

設計したのはウィリアム・メレル・ヴォーリズだ。もともとキリスト教の伝道者として米国から日本へ来た建築家で、この連載でも既に取り上げた日本基督教団大阪教会（1922年）のほか、プロテスタント教会を数多く設計した。学校や病院なども手掛けたが、これだけ大規模な商業建築は珍しい。

商業主義の権化ともいえる百貨店は、ヴォーリズにとって不得手だったようにも想像できるのだが、出来上がったのは実に堂々たるもの。普段はなかなかやれない装飾的なデザインを、ここぞとばかりに爆発させたということだろうか。

もっとも、フランスの作家エミール・ゾラは、小説「ボヌール・デ・ダム百貨店」（1883年）のなかで、その時代に新しく出現した百貨店という建物について、「堅牢で軽やかな近代商業の大聖堂」と記しているから、百貨店と教会建築は、建築のタイプとして意外と似ている面もあるのかもしれない。

確かに、この大丸心斎橋店でも、入り口まわりなどのステンドグラスは、教会建築から流用したともとれる手法だ。

さて、この建物を特徴付けている直線的な幾何学的パターンや特徴的な文字は、アール・デコと呼ばれる様式である。

最先端のアール・デコ

アール・デコ様式は1925年のパリ万博以後、欧米で広まったデザインで、建築にも取り入れられた。代表的な作品は、例えばニューヨークのクライスラービル。これが竣工したのが1930年だから、大丸心斎橋店ができたのはわずかな時間差でしかない。昭和初期の時点で、既に建築デザインの流行がほぼリアルタイムで伝わっていることが分かる。

百貨店という施設は、新しい商品を次々と人々に見せることによって流行という現象を世の中にもたらしたが、建築のデザインにおいては、流行に飲み込まれていくようになった走りであったのかもしれない。

しかし、完成して80年を超えたこの百貨店のデザインには、単なる流行を超越した価値が生まれている。大丸心斎橋店本館は、2015年いっぱいで営業をいったん停止し、建て替えの工事に入った。新しい建物には、御堂筋側の外壁が保存されて使われるとのことだが、内部の意匠もできる限り残してもらうことを望む。

「名建築の条件」は人によって様々だと思うが、筆者（宮沢）にとっての"条件その1"は、「絵が描きたくなる」「描いて楽しい」ということ。その観点でいうと、この大丸心斎橋は「名建築中の名建築」。イラストが2ページでは足りない！なので今回はストーリーはさておき、描きたいディテールから描いていく。

やはり、最初に目をとらえるのは、北西の角に立つ「水晶塔」。遠目にはごちゃごちゃっとして見えるが、描いてみると幾何学的ルールにのっとっていることが分かる。

1階の内装は、天井もすごいが、宮沢的には柱の上部に注目。大理石もこんな複雑な形に加工して、しかも間接照明を組み込んでいる。今つくったら一体いくらかかる？

階段は2方向から文字に交差する。絵になる！

エレベーターも当初からあった。表示板のデザインが美しすぎる！

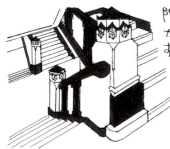

あれ？色を塗り忘れた？いえ、塗ると幾何学性が分かりづらくなるので、あえて線画のままにしてみました。お時間のある方は塗ってみてください。

| 明治期 1868–1912 | 大正期 1912–1926 | 昭和期 1926–1942 |

知らなかったことも多々ある。まず、この建築が全4期(大きくは心斎橋筋側と御堂筋側の2期)に分けて段階的につくられたということ。▼当初1階平面

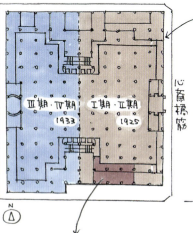

心斎橋筋側の外観は、こんなルネサンス調のデザインだったという。(そもそも今はアーケードで見えない)

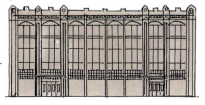

5階以上は戦災で焼失し、戦後に復旧・増築された。

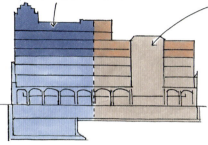

何より驚いたのは、心斎橋筋側の中心に、6層を貫く吹き抜けがあったということ。なんて大胆な…。▼当時の写真をつなぎ合わせてみました。

かつては1階もぐるりと取り巻くようにメザニン(中2階)が巡っていた。まるで宮殿のよう。メザニンは一部が残り、喫茶室に。その1つの名は「サロン・ド・テ・ヴォーリズ」。粋なネーミング!

なんて優雅な…

かつての百貨店は、商品を買うだけでなく、日常を忘れ「夢」を見る場だったのだ——。メザニンでコーヒーを飲みながら、そんなことを再認識した。

インターネットで何でも買える今の時代、商業施設には改めて「夢」が求められている。新たな形での"夢の継承"に期待したい。

1933 ・昭和8年・ 寄り道

日本橋髙島屋
増築部を含め百貨店初の重文

所在地：東京都中央区日本橋2-4-1
交通：JR東京駅から徒歩5分。地下鉄・日本橋駅直通　指定：重要文化財

東京都

高橋貞太郎
村野藤吾［増築部］

村野藤吾による増築部は階段の手すりや屋上塔屋などのデザインに注目。背後の再開発ビルとつながる形で2018年秋にオープン予定

日本初"重要文化財の百貨店"高島屋日本橋店。西側の外観からは"昭和初期にしては保守的"な様式建築のようにも見える。

だが、内部に入ると、この建築が本来、様式建築にはない要素を主役にして構成されていることが分かる。それはエレベーターだ。

地下1階の大階段を上ると吹き抜けの正面にはエレベーターがずらり。

当時は最先端、今はレトロ感たっぷりの「蛇腹式内扉」のあるエレベーター。Good!

高橋貞太郎　村野藤吾

内装は一見、洋風にも見えるが、天井は「折上格天井」、柱の上部は「肘木」風と、細部は日本建築をモチーフにしている。

吹き抜けの照明は村野藤吾のデザイン。

高橋貞太郎の当初部(1933年)に増築したのは村野藤吾。戦後に4度にわたり増築した。この建物を味わうなら、必ずぐるりと1周すべし!

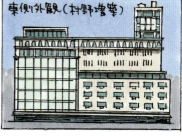

様式的なデザインを引用するわけでもなければ、単なるモダニズムでもない。他人は他人、自分は自分。村野のデザインは高橋貞太郎の当初部への「返歌」のようにも見える。

•昭和9,11年•
1934,36

地下にある別世界

渡辺仁、ブルーノ・タウト

旧日向別邸

所在地：静岡県熱海市春日町8-37｜交通：JR熱海駅から徒歩8分
指定：重要文化財

― 静岡県

設計者のブルーノ・タウトについては、建築巡礼の連載の日光東照宮の回（日経アーキテクチュア2013年2月25日号）で触れた。簡単におさらいすると、ドイツの建築家で、表現主義的作風の「ガラスのパビリオン」（1914年）や「ブリッツの大規模集合住宅」（1930年）などが代表作。ナチスが台頭すると、逃れるように日本を訪れて滞在。その間、工芸の指導に当たったり、日本文化についての著作をものしたりした。桂離宮を絶賛したエピソードはよく知られるところだ。

　そのタウトが日本に残した唯一の建築作品が今回の巡礼地、日向別邸の地下室である。

　場所は熱海駅から歩いて10分ほど。海に向かって下りていく急な斜面地の上にある。外から見える上屋はごく普通の木造住宅。これは渡辺仁の設計によるもので、1934年に完成している。

　発注者の日向利兵衛は大阪出身の貿易商で、銘木の輸入で財を成した人物。東京・銀座の店舗で、タウトがデザインした電気スタンドを購入して、これを気に入り、地下室離れの増築設計を依頼することになったという。設計には逓信省営繕課の吉田鉄郎が協力している。

　まずは上屋の玄関から中へ入る。居間だったところが見学者用のロビーになっており、その前には芝生の庭が広がっている。実はこれが地下室の屋上部に当たる。

　階段を下りて、いよいよ地下へ。そこには地上部とは全く違う空間があった。

和洋が混在した空間

　地下部は大きく3つの部屋が直列でつながる。いずれも東側に大きな開口を取っており、そこからは海を見晴らすパノラマの光景が楽しめたはずだ。現在は木々が茂ってしまい、枝葉の隙間から海を見る感じになっているのがもどかしい。

　階段下の一番広い部屋が社交室だ。ここではビリヤードやダンスを楽しんだという。

　内装で目を引くのは竹の使用。階段の手すりやアルコーブの壁面にこれが使われている。日本で接した工芸からの影響を強く受けてのデザインだろう。

　照明も実にユニークだ。タウトは著書「ニッポン」のなかで、「日本で殊に美しい光景は夜間照明である」と記し、奈良・春日神社の石灯籠や青銅製吊燈籠、日本各地の商店街で見られる街路灯を絶賛している。それをもとに考え出したのが、この竹で吊られた裸電球の列なのだろう。

　クリスマスツリーの電飾みたいで、そうと知らなければ、高名な建築家の手になるものとはとても思

A 地上から地下に降りる階段を地下の社交室から見る│B 竹を曲げてつないだ階段の手すり│C 卓球やダンスを楽しんだという社交室│D 洋間上段から、折戸を開けて外を見る。木が茂っているが、かつては海が見えたはず│E 日本間の床の間と上段部。襖を開けるともうひとつ日本間がある│F 庭の塀から身を乗り出すと、地下階の外観が少しだけ見える│G この庭の下にタウトが設計した地下部がある。左が渡辺仁が設計した上屋

えない。だが、「ガラスのパビリオン」など、光を空間設計のテーマにしてきたタウトのことだから、照明の効果を計算し尽くしてのものに違いない。今は点灯が不可能になっているので、実際にどんな光が空間を満たしていたのか、体感できないのがとても残念である。

その奥に続く洋間は、壁を彩るワインレッドのクロス張りが印象的。片側が段状に上がっているのは、地下躯体の形状に制約を受けてのものだが、見えてくる外の景色が変わって、また楽しい。

さらに奥にあるのは日本間で、同様に片側が高くなるが、こちらは床の間と一体化して面白い効果を上げている。

この3室がつながることで、和洋が混在した不思議な空間が実現している。日本人建築家にはなし得ないものだろう。

ユートピアを夢見て

日向別邸の地下室にしばらくいるうちに、ここが地上から隔絶した別世界であるという感覚を覚えた。それが何に由来しているのか、これを考えるためにまず、設計をしていた当時のタウトの心境を推し量ってみる。

母国ドイツに居場所をなくし、たどり着いた日本では周りの人たちが親切に接してくれはするものの、やることといえば工芸の指導や著作の執筆だけで、本格的な建築設計の仕事は来そうにもない。日本にやって来て3年目、自らの不遇を嘆く心境になっていてもおかしくない。タウトはここではないどこかを夢想し、その結果、若い頃に傾倒した神秘主義的志向をよみがえらせることになる。

タウトは20代のときに「アルプス建築」という画集を出版している。これは山上に神秘主義的なユートピアを構想したものだ。晩年に差しかかろうとするタウトは、先が見えない日本での生活のなかで、再びユートピアを思い描き、それを地下の空間に実現しようとしたのではないか。

西洋には、地球内部が空洞であり、その中に高度な文明を持った「アガルタ」という世界があるという伝説がある。そんな理想郷のイメージが、日向別邸には投影されているように思えるのである。

1936年に日向別邸の地下室を完成させたタウトは、同じ年のうちに日本を発つ。行き先はトルコ。そこには壮大な地下都市を擁するカッパドキアの遺跡がある。アガルタへの夢が、彼をそこへと誘わせたのかもしれない。

国内ですら見向きもされなくなっていた桂離宮の価値を世界に向けて発信し…

Bruno Taut

「涙ぐましいまでに美しい！」

その一方で、日光東照宮を酷評したことで知られるブルーノ・タウト(1880-1938)。

旧日向別邸も、こんな写真→をよく見るので、削ぎ落とされた抽象美の空間も想像してしまうが、実際の印象はかなり違う。

木造2階の母屋（設計：渡辺仁）の前庭地下に、タウトが設計した"離れ"がある。

「この下か…」

断面イメージ
B1F平面→

離れの上部は芝で緑化され、地上部からは全く存在が認識できない。"見えない建築"の走りだ。

海側
社交室　洋間　日本間
母屋

階段を下りると、最初に目に入るのは社交室。あれ？全然削ぎ落とされていない…。

「あれ」

そう感じさせる最大の理由は、天井から吊り下げられた裸電球の列。

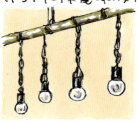

階段の最下段に竹を曲げた民芸風の手すりが強い存在感を放つ。どちらも美しいが、問われれば、個人的には微妙…。

しかし、社交室に続く洋間は、文句なく美しい。特に、西側の階段状スペースは、ワインレッド（布張り）を基調に、大小の四角形で緊張感を持って割り付けられ、王室のような気品を漂わせる。

よく見ると、階段の蹴上げは、水平性を強調するためか、微妙に異なる2色で塗り分けられている。すごい色彩感覚。

洋間に続く日本間も、西側の階段状スペースから海を見下ろす構成。

どちらも美しいが、「海を見下ろす建築」の通常のセオリーからは外れている気がする。例えば、この建築の西隣に立つ隈研吾の「水/ガラス」(1995年)はこんな感じだ。

外周をガラス張りにして、バルコニーに水盤をめぐらせ、海との"近さ"を強調する。

桂離宮も賞賛するタウトであれば、斜面に月見台を突き出す方法もあっただろう。

想像図

しかし、ここでタウトが採った手法は、それとは全く逆。海と最も遠い場所から海を見るというもの。
外光との対比で室内は暗闇となり、四角く切り取られた景色は「映像」のように見える。それを見ていて、「あっ」と気付いた。

映像みたい

夏祭の裸電球＝日本の思い出

社交室の裸電球は、日本の夏祭に着想を得たものといわれる。それを考えると、この離れ全体がタウトの「日本の思い出」なのかもしれない。映像のような海は、母国を思うタウトのフィルターを通した海の表現なのでは？

1934 昭和9年 寄り道

築地本願寺
動物入れたさのインド風？

所在地：東京都中央区築地3-15-1｜交通：日比谷線・築地駅から徒歩1分｜指定：重要文化財

東京都

伊東忠太

こんなインド風のお寺に違和感を感じないのは、昔から見慣れているからのか、伊東忠太が日本人のDNAを読み切ったからなのか……

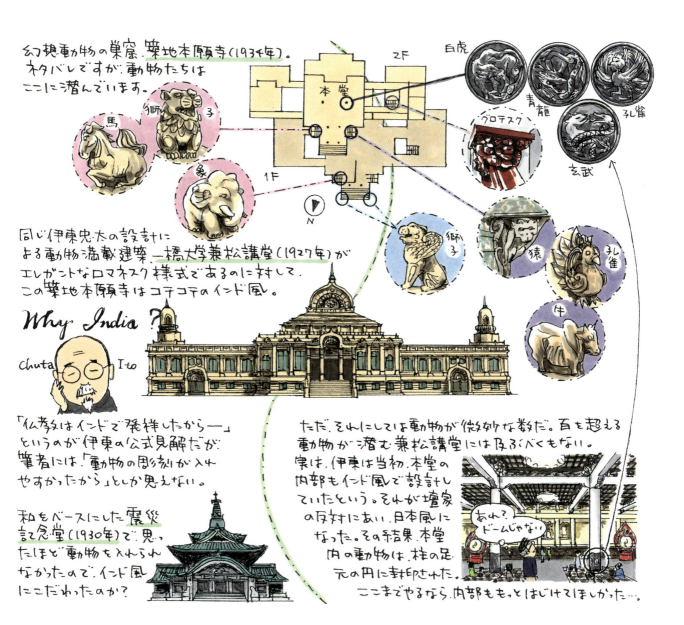

•昭和10年•
1935 寄り道

さすがのレーモンド流木造

軽井沢聖パウロカトリック教会

所在地：長野県軽井沢町大字軽井沢179｜交通：JR軽井沢駅から徒歩約30分

アントニン・レーモンド

長野県

同じ架構の繰り返しでありながらすごく複雑に見えるのは、さすがレーモンド。ステンド・グラス代わりの切り紙は夫人のノエミ・レーモンド作

初期木造モダニズムの傑作といわれる聖パウロカトリック教会。正確にいうと、下部に鉄筋コンクリート(RC)を用いた混構造だ。

宮沢的には、正面の外観よりも、裏側の外観の方がレーモンドっぽい"量感"があってそそられる。こっちを見ずに帰るのはもったいない！

←RCの バットレス

内部に足を踏み入れると、そこはまぎれもなく木の空間。日本の伝統木造とは全く違う木の組み方が新鮮だ。

こんなX型のトラスを並べて斜材でつなぐ。

当初の写真を見ると、丸太の長イスではなく、個別のイスだ。このプロジェクトの担当者はジョージ・ナカシマ(後の家具デザイナー)。このイスも彼のデザインか？

一見、丸太に見える天井のトラスも、側面はノミで平らに加工されている。荒っぽく見えて意外に繊細だ。できれば当初のイスの状態で見たかったなぁ。

1936
・昭和11年・

ベランダに床の間

久米権九郎

万平ホテル

所在地：長野県軽井沢町軽井沢925
交通：JR・しなの鉄道軽井沢駅から車で5分

長野県

軽井沢駅を降り、北へと延びる道を途中で右に折れる。林間の道を進んでいくと、万平ホテルのアルプス館が現れた。全体は、左右に分かれた建物の間に塔状の階段室がそびえる対称形。庇を延ばした車寄せが中心から左にずれることでその対称形が崩され、絶妙な外観を見せる。

大屋根が架けられた妻面には、付け柱や付け梁がタテヨコに走り、その姿からスイスの山小屋風としばしば称される。だがよく見るとてっぺんには棟飾りが付いていて、その形は信州地方の民家で見られる「雀踊り」を抽象化したもののよう。ヨーロッパ調にも日本調にも見えるデザインだ。

万平ホテルは創業者の佐藤万平が、1894年（明治27年）に、江戸時代からの旅籠を改築して創業したもの。もともとは旧軽井沢銀座あたりにあったが、1902年にこの地へ移転。そして1936年に建て替えられ、現在の建物になった。

1930年代には、蒲郡ホテル（1934年）、川奈ホテル（同）、雲仙観光ホテル（1935年）など、外国人向けのリゾートホテルが日本各地で開業した。そのなかには、琵琶湖ホテル（1934年、設計：岡田信一郎・岡田捷五郎）のように、巨大な破風をもった豪勢な和風デザインのものもある。国威発揚を狙いとした帝冠様式と絡めて取り上げられることもあるが、外国人客のエキゾチックな興味に応えようとしたものだろう。

万平ホテルでも外国人客が意識されていることは間違いないが、その手法は落ち着いたもので、周囲の風景としっかりとなじんで見える。

海外での経験を設計に生かす

設計したのは久米権九郎。現在の大手組織設計事務所、久米設計の創始者だ。

父親は皇居の造営に携わり、二重橋の設計者としても名を残す久米民之助。権九郎はその次男だが、建築家へのエリートコースを真っすぐに歩んだわけではない。学習院を出ると父親が興したシンガポールのゴム園で経営に携わり、その後、ドイツのシュツットガルト州立工科大へ留学するが、当初は化学を勉強するつもりだったとされる。建築へ転科したのがすでに28歳だったというから、遠回りの人生だ。

しかし日本に戻ってきてからは、学習院時代に知り合った三井家の別荘などを設計して、建築家としての才能を一気に開花させる。そして万平ホテルのほか、日光金谷ホテル、河口湖ビューホテルなど、ホテル建築を多く手掛けた。そこには久米の豊富な海外経験が生かされているに違いない。

また設計した建物の多くには、ドイツで学んだ耐

A 入り口側全景。スイスの山小屋風とも言われる外観｜**B** 庭園側外観。この地方の民家に見られるのと同じような棟飾りが付いている｜**C** ロビーの脇から上がっていく階段｜**D** 多重に仕切られた客室内のベッドルーム｜**E** 客室の窓際にある「ベランダ」。テーブルとソファが置かれ、壁面には違い棚と掛け軸でしつらえられた床の間がある｜**F** メーンダイニングルームには折上格天井が架かる｜**G** 格天井を支える柱と肘木

震工法を生かした久米式耐震木構造が使われている。万平ホテルでもこの工法を採ったという。

　内部へと入ろう。玄関を抜けると、まず広いホールがあり、そこからメーンダイニングやカフェテラスへとつながる。メーンダイニングの壁面を飾るのは、軽井沢の風景を描写したステンドグラスだが、頭上には折上格天井が架かっていて、ここにも和と洋の混在が見られる。

「広縁」のような空間

　次は客室へ。他のホテルでは見たことがない間取りだ。バスルームを除けば、全体は広いワンルームになっており、その内側を天井までは達しない間仕切りが仕切る。ベッドが置かれたところは、いわば部屋の中の部屋である。

　ガラスの引き戸で仕切られた寝室部の外側には、窓との間に細長い空間があり、そこには椅子とテーブルがセットで置かれている。

　竣工当時の図面を見ると、ここは「ベランダ」と表記されている。ベランダはジョサイア・コンドルが設計した岩崎邸などにも見られる西洋建築の手法だ。

　一方でここは、旅館の客室に見られる「広縁」と呼ばれる空間を思い起こさせもする。広縁は、布団を敷くとき、宿泊客に座ってもらうところとして必要なのだ、とも聞いたことがあるが、本当のところはよく分からない。国際観光ホテルの整備基準から、これが強制されたとの説もある。とにかく、日本の観光地に建つ宿泊施設では、これが当たり前のように普及している。

　「広縁」という名前から、日本建築の縁側から発展したものだと思っていたが、万平ホテルの客室を見ると、西洋のベランダと日本の縁側が合体したものと捉えたほうがよさそうに思えてきた。

　万平ホテルの客室は洋間なので、広縁ではなくベランダと呼ぶべきだが、和洋折衷への志向は、すでにここで見ることができる。違い棚と掛け軸でしつらえられた床の間が付いているのだ。

　おそらく久米は、日本のホテルを設計するに当たって、西洋建築と和風建築の混合を意識的に行った。それが客室のプランに現れたのが、この和洋折衷のベランダなのである。

　それは外国人宿泊客のみならず、日本人宿泊客にも親しみをもって受け止められ、和風旅館にも取り入れられていった。そんな日本のホテル建築史を構想してみたが、どうだろうか。

今回、万平ホテルを取り上げようと思ったのは、建物が見たかったからというよりも、久米権九郎のドラマチックな人生について書いてみたかったからというのが、正直なところだ。

久米権九郎 1895-1965
土木技術者であり、実業家であった久米民之助の次男（九男ではない）として東京に生まれる。裕福な家庭に育ち学習院中等科（高校）を卒業後、シンガポールに渡り、ゴム園を経営。28歳でドイツに渡り、建築に目覚める。

…と、20代までをさらっとまとめただけでもこんなにドラマチック。その久米の出世作であり、代表作の1つ、万平ホテルとはどんなものか。実は、宮沢には「ハーフティンバーの欧風建築」という認識しかなかった。

こんな？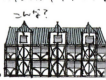

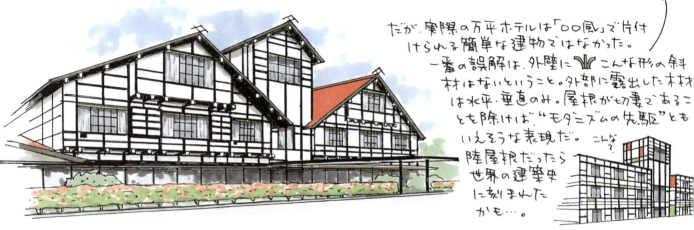

だが、実際の万平ホテルは「○○風」で片付けられる簡単な建物ではなかった。
一番の誤解は、外壁に\/こんな形の斜材はないということ。外部に露出した木材は水平・垂直のみ。屋根が切妻であることを除けば"モダニズムの先駆"ともいえそうな表現だ。こんな陸屋根だったら世界の建築史に刻まれたかも…。

いや、久米にとっては、世界のデザイン潮流なんてどうでもよかったのかもしれない。久米の関心の中心は常に「耐震」だった。ドイツの工科大学で提出した論文のテーマは「久米式耐震木構造」。

その考え方を取り入れたのが、この万平ホテル（1936）や、前年に完成した日光金谷ホテル別館。→

これは1.5寸角や1.5寸×3寸角の既存格材を組み合わせて耐震性を高めた構造システム。籠を編むのに似ていることから「バスケット・コンストラクション」とも呼ばれる。

久米良十郎 1893-1923

久米が耐震設計を志したのは、兄の死の影響といわれる。兄、良十郎は洋画界の新星として期待されていたが、1923年の関東大震災で早逝する。「丈夫な建物をつくる」が久米権九郎の口グセだったというのも、うなづける。

明治期1868−1912　大正期1912−1926　昭和期1926−1942

客室は間取りがユニーク。各室とも中央部分にカーテンとガラスで仕切られたベッドルームがあり、緩やかに公・私を切り分けている。中心に柱を1本立てることで、耐震性を高める意図もあったのだろうか。

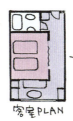
客室PLAN

2F

縦横のグリッドを強調したデザインが美しい。

当初平面図
1F

大食堂（写真ページ参照）もいいけど、宮沢が引かれたのは、1階のフロント。階段室と三角平面のフロントを一体化して、視覚的変化に富んだ空間をつくり出している。

外壁もそうだが、久米権九郎は「線のデザイン」がとてもうまい。モンドリアンの抽象画を立体化したかのよう。

民家風棟飾り

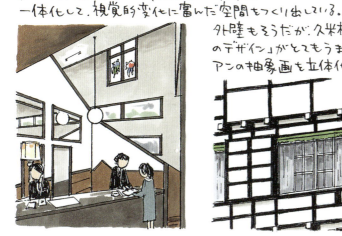

庭園側の外観はこんな感じ。同じデザインパターンを用いながらも、こっちは大食堂に大きな切妻を架けることで日本の民家っぽく見える。そんな懐かしさも、長く愛される理由なのかも。

1936
昭和11年

機械のための住まい

山口文象

黒部川第二発電所

所在地：富山県黒部市宇奈月町黒部奥山国有林内
交通：黒部峡谷鉄道猫又駅から徒歩2分

「プレモダン建築巡礼」では、明治期以降の建築を順に見てきた。それらのほとんどは西洋の古典主義やゴシックの影響を大きく受けた様式建築であり、そこに新たなデザインの動きである表現主義が交じってくるという流れだった。そしていよいよここで、純粋にモダニズムと言える建築が登場する。黒部川第二発電所だ。

富山県黒部市の宇奈月駅から、黒部峡谷鉄道に乗る。この鉄道は、日本電力が発電所を建設するため、1926年に資材運搬用として開発したもの。一般の旅客も次第に乗るようにはなったが、当初は切符に「生命の保証はしない」とのただし書きが載っていたという。現在は海外からの観光客も含めて大にぎわいで、峡谷の絶景を楽しめるトロッコ列車は満席に近いほどの人気だ。

細いトンネルをいくつもくぐり抜けながら、列車は黒部川沿いを遡っていく。発車して45分が過ぎ、列車が猫又駅へと近づくと、対岸に白い建物が見えてきた。直方体の箱を組み合わせた形で、そこに四角い窓が並んでいる。シンプルでありながら、プロポーションが美しい。これぞモダニズム、と言いたくなる建物だ。

設計したのは山口文象である。いわゆるエリートコースとは異なる経歴をたどって建築家になった人物で、東京高等工業学校附属の職工徒弟学校を出た後、清水組に入社。しかし建築家になる夢を捨てきれず、逓信省の製図工へと転職。そこで知り合った山田守らと、分離派建築会として活動する。関東大震災の後は、内務省東京復興局で橋の設計に携わり、現在も残る東京の清洲橋などに関わったとされる。

その後、竹中工務店、石本建築事務所を経て、1930年、海外への建築修業へ出掛ける。行き先はドイツ。建築家ワルター・グロピウスのアトリエだ。

工場から発電所へ

そこでは当時、世界で最先端のデザインが展開していた。1907年に設立したドイツ工作連盟はデザイナーと産業界が一体となってデザイン改革に取り組み、これに属する建築家のペーター・ベーレンスは、構造の合理性をそのまま形にしたようなAEGタービン工場（1909年）を完成させる。これに続いて、ベーレンスの事務所にいたグロピウスがファグス靴工場（1911年）を設計。ガラスのカーテンウオールでコーナー部を処理した手法は、グロピウスが後に手掛けて、モダニズムを代表する作品と広く認知されるデッサウのバウハウス校舎（1926年）に先駆けるもの。つまりAEGタービン工場からファグス靴工場への発展のなかで、建築のモダニ

A 黒部川を挟んで右側が黒部峡谷鉄道、左側が黒部川第二発電所。取材時は護岸や擁壁の工事が進行中だった｜B 対岸から見た工事前の建屋（写真：関西電力）｜C 建屋内部の大空間には巨大な発電機が鎮座する｜D 変電設備を収めた空間｜E 係員詰所前のバルコニー｜F 屋上。奥の出ているところが係員の詰所｜G 鉄橋も山口文象によるデザイン

ズムは完成したといえる。

　こうしたドイツ・デザイン界の風を浴びながら、山口は２年間の滞在を終える。帰国すると自らの設計事務所を興し、本格的な建築活動を開始。そして間もなく黒部川第二発電所を完成させる。ドイツでは工場だったが、日本では発電所が、モダニズム発展のメルクマールとなった。

がらんどうの大空間

　黒部峡谷鉄道の列車は猫又駅で停車。通常、この駅では乗り降りができないが、今回は取材ということで作業員用の車両に乗せてもらい、降りることができた。

　駅からは引き込み線が延びて発電所へと向かっている。線路の上を歩いて、赤い鉄橋を渡ると、発電所に着いた。

　発電所は関西電力により、現在も稼働中だ。中に入ると、吹き抜け空間に発電機が置かれていた。

　外から眺めたときは窓が並んでいるので、複数の階があり、そこでたくさんの人が働いているのかなと錯覚してしまう。けれども、実はがらんどうの大空間で、そこに鎮座しているのは巨大な機械である。

　ル・コルビュジエはモダニズムの建築を「住むための機械」と定義しようとしたが、ここで目にしたのは「機械のための住まい」だ。

　要するにこの建屋は、発電機を覆っているカバーであり、外側のデザインは、内部の機能とほとんど関係がない。機能から形が決まると主張する機能主義がモダニズムの規範だったが、日本最初期のモダニズムであるこの建築は、実は非・機能主義的なデザインともいえるのだ。

　実際、この発電所の設計では、初期の計画案が残っており、それらは窓がほとんどないマッシブな外観となっている。

　逆に考えると、機能と関係ないからこそ、若い建築家による、海外で広まり始めた最新のデザインを採用することができたのかもしれない。

　そしてまた、機能と関係がないからこそこの建築は、内部の機械を更新しながらも、竣工して80年を経て残り続けたといえる。

　戦前のモダニズム建築で現存しているものは非常に少ない。それだけに、周囲に土砂が堆積するという問題をなんとか解決して、この傑作建築との出会いを、これからも味わえるようにしてもらいたいと願う。

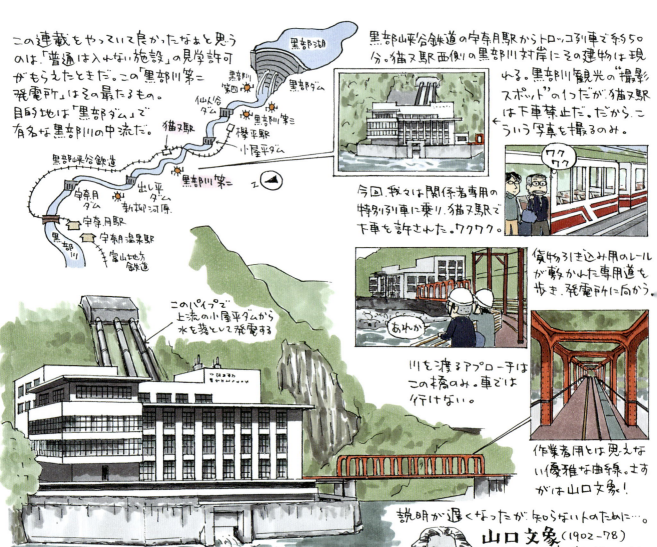

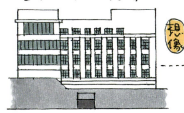
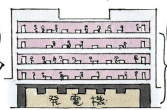
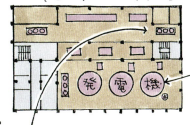

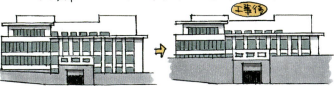

● 昭和11年 ●
1936

屋根のピラミッド

国会議事堂

所在地：東京都千代田区永田町1-7-1 ｜ 交通：地下鉄永田町駅から徒歩約3分

大蔵省臨時議院建築局

東京都

毎日のようにテレビのニュースで目にする国会議事堂。周りをうろうろしたことはあるが、中へ入るのは初めてだ。見学は本会議が行われていない時の平日であれば誰でも可能。参議院と衆議院でそれぞれ受け付けている。今回は参議院を見て回った。

　見学はまず地下の参観ロビーに集合し、そこから参議院本会議場、御休所前、中央広間と内部を巡り、外に出て前庭から建物を眺めるというコースになっている。

　まずは本会議場へ。広さは743m²というから、東京文化会館の小ホールと同じくらいだろうか。これ以上大きいと、人の顔も互いに分からなくなるというギリギリの広さといえる。この中に、460席（衆議院は480席）が半円形に広がっている。そのうち実際に使われているのは242席（同475席）。国政選挙とは要するに、この本会議場の空間配分を巡る争いなのだ。

　続いて、御休所前に回る。御休所はかつて御便殿と呼ばれていたもので、天皇陛下の部屋だ。中央玄関を入って、そのまままっすぐ階段を上がったところに位置する。工芸技術の粋を集めた内装は、ガラス越しにのぞくことができる。その手前のボールト天井が架かる広間も、十分に見応えがある。

　そして一番の見どころとなるのが中央広間だ。参議院と衆議院の間に挟まれた中央塔の内部に当たるところで、天井の高さは32m。高すぎてハイサイドライトからの光も床まで十分に届かない。天井を四方から支えているのは分厚いアーチ。これほど重厚な空間は、日本では滅多にお目にかかれない。

曲折の経過をたどる

　国会議事堂が竣工したのは1936年。議事堂建設のために明治政府が臨時建築局を置いてから、50年がたっている。ずいぶんと時間がかかったものだが、オーストラリアでは、最初の仮設議事堂から現在の連邦議事堂を完成させるまでに約60年を要しているから、長すぎる期間とはいえないのかもしれない。

　最初に設計案をつくったのは、ドイツの建築家エンデとベックマンだった。母国でも実績を重ねていた有能な建築家たちで、その力を発揮して本格的様式建築の案と日本風を採り入れた案をつくったが、これを推進していた井上馨が、外務大臣として条約改正の交渉に失敗すると、途端に暗礁に乗り上げてしまう。

　議事堂建設の担い手は内務省に、続いて大蔵

A 正門から見た議事堂。正面玄関の右側が参議院、左側が衆議院となっている｜**B** ピラミッドのような塔の頂部｜**C** 中央塔の真下に位置する中央広間は、高さ32.6mの吹き抜け空間｜**D** 御休所前の広間の天井｜**E** 参議院本会議場。衆議院と異なるのは議長席の後ろに天皇が開会式に出席するためのスペースがあるところ｜**F** 天皇の控えの間となる御休所。中央広間から階段を上がった先にある

省へと移り官庁営繕のボスとして力を振るった妻木頼黄がいる大蔵省の臨時建築部が担うことになる。一方、建築学会のボスである辰野金吾は、設計コンペをやるべきと主張する。機能性を重視した妻木側に対し、辰野らは議事堂が備える記念性を重視して、そこでも綱引きが起こった。国を象徴する建物の建設を巡って混迷していく様子は、先頃の新国立競技場での出来事を思い起こさせるものだ。

結局、コンペが実施され、その結果1等に選ばれたのは、宮内省技手の渡辺福三によるドーム屋根を載せたルネサンス様式の案だった。それに対してすぐに批判も起こり、在野の建築家である下田菊太郎から、和風の屋根を架けた「帝冠併合式」の独自案が出される。これも大きな話題となった。

象徴しない建物

渡辺によるコンペ1等案は、世界的に広まっていた古典主義建築の系譜に位置付けられるものである。それは当初の臨時建築局総裁の井上馨が推し進めた欧化政策の延長にあり、今で言うグローバリズムを表したものになっていただろう。

一方、下田による和風案は日本の独自性を強調するもので、ナショナリズムを打ち出したものになっていたはずだ。

しかし妻木の没後を引き継いだ大蔵省臨時建築局の吉武東里、矢橋賢吉、大熊喜邦らは、いずれの案も採らず、結局、独自の外観をつくっていくことになる。最大の特徴は、中央塔の屋根だ。渡辺案のドームを現在のピラミッド形へと変えたのである。

ピラミッドで思い出される建築家といえば、磯崎新である。彼はロサンゼルス現代美術館（1986年）や東京都庁舎コンペ案（同）で、ピラミッドのトップライトを建物上に置いている。

磯崎がピラミッドを好んだのは、古代エジプトに傾倒したわけではなく、それが純粋幾何学による立体だからだ。何かを意味するのではなく、何も意味しないために、この抽象的な形を用いたのである。

国会議事堂においても、同じようなことが起こったのではないか。日本を象徴する建物として建築家たちから期待された国会議事堂だが、強力な技術官僚によって、何も象徴しない建物として出来上がる。

しかし、その意味の空白こそが、逆に日本を象徴しているともいえる。そんなことを考えているうちに、この国会議事堂がなかなかに良い建物に見えてきたのであった。

日本人なら誰もが知っている国会議事堂。でも、「いつ建ったのか?」「誰が設計したのか?」知っている人はほとんどいないだろう。いわば、「近くて遠い建築」の代表格。そういう宮沢もてっきり明治の建築だと思っていた。だが、竣工は昭和11年(1936年)。調べてみると、建設過程は謎だらけだった。

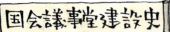

国会議事堂建設史 も見てみよう。

① 1881年、国会開設の勅諭。議事堂建設の機運が高まり、86年、内閣に臨時建築局設立。しかし、財政問題などから、当面は仮議事堂でしのぐ方針に。②へ。

② 第1次仮議事堂で帝国議会。しかし、これが翌1891年に焼失したため、同年、第2次仮議事堂を建設。さらに、これも1925年に焼失。うーむ、呪われてる…。結局、仮議事堂は3回建てられた。

③ 辰野金吾の意向で1918〜19年に公開コンペ実施。渡辺福三(宮内省技官)が当選。

■ 後に変更された部分

あれ、実物とかなり違うぞ…。というか、こっちの方がかっこいいのでは? というのも、当選した渡辺福三はスペイン風邪で翌年に急逝。実施設計は大蔵省の吉武東里らが行った。

厄除け?

④ 本議事堂が着工したのは、コンペから1年後の1920年。なぜデザインがガラリと変わったのかは明らかでない。ちなみに尖塔の階段状意匠について、建築史家の鈴木博之は「暗殺された伊藤博文への鎮魂の表現では」と書いている。

⑤ 工期16年でようやく竣工。長すぎる!!

1868 明治 1912 大正 1926 昭和 1936 ⑤ 1941 太平洋戦争開戦 1945 終戦

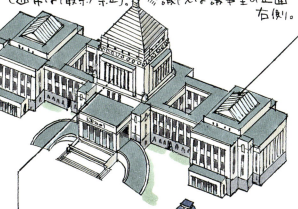

今回は参議院の見学コースを撮影させてもらった。(通常は撮影禁止)。参議院は議事堂の正面右側。

まずは、国会中継でおなじみの議場へ。3階の「公衆席」はオペラ劇場の桟敷席のようで、なかなかの迫力。折上格天井から差し込む光は、本物の自然光だ。

グレー一色(国産花こう岩)で囲まれたCGのような中庭▶

一般公開されていないが、中央広間の上(8階)にはホールがある。

芦原義信がデザインした噴水(1990年)。

ハリー・ポッターみたい

空間の目玉は中央広間だろう。4層分の吹き抜けで、上部のスリットから光が差し込む。

さらに、らせん階段を上ると、その上(9階)には展望室がある。1964年にホテルニューオータニが建つまで、日本で一番高い建物(高さ65m)だった。

なるほど、本物をふんだんに使った贅沢な建築であることは分かった。でも、正直、あまり記憶に残らない…。宮沢の記憶に残る議事堂といえば、ドイツの連邦議会議事堂。

Norman Foster 1999

日本の議事堂もいつか大規模改修するときには、これくらい大胆にやってほしいなあ。

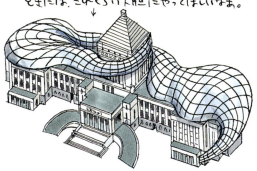

• 昭和12年 •
1937

絵に描かれた革命

村野藤吾

宇部市渡辺翁記念会館

所在地：山口県宇部市朝日町8-1｜交通：JR宇部新川駅から徒歩約3分
指定：重要文化財

渡辺翁とは宇部興産の創業者、渡辺祐策のこと。1934年に亡くなって間もなく、その業績を記念する建物が宇部市内に建てられ、市に寄贈された。

設計は村野藤吾。1980年代に至るまで、文化施設、商業施設、オフィス、ホテルなど、幅広い分野の設計で活躍した大建築家だ。その戦前期における代表作がこの建物である。

渡辺翁記念会館について考える前に、この建物が建てられた当時の時代状況を押さえておきたい。ヨーロッパでは、ヴァルター・グロピウスの「バウハウス」(1926年)、ミース・ファン・デル・ローエ「バルセロナ・パビリオン」(1929年)、ル・コルビュジエ「サヴォア邸」(1931年)などといった、本格的なモダニズムの建築が既に実現していた。日本の建築家たちもそうした新しいデザイン潮流に注目し、これに追いつこうとする動きが現れる。若き日の村野もそのなかにいた。

日本建築をいかにモダニズムへと至らせるか。その捉え方には2通りがあったと思われる。1つは、日本の伝統建築から、いったん西洋の様式建築を経て、モダニズムへと進めるという道筋。そしてもう1つは、日本の伝統建築から一挙にモダニズムへと接続する道筋である。

どちらかといえば村野は、前者の見方に近かっただろう。大学の卒業設計は伝統的な装飾を排したセセッションのデザインでまとめたが、卒業すると大阪の渡辺建築事務所で渡辺節に様式建築をたたき込まれたからである。

様式建築を経てからのモダニズムへの転回。村野がマルクスの「資本論」を愛読していたことはよく知られているが、当時のマルクス主義者たちの用語を借りるなら、モダニズムの二段階革命論が村野の戦略ではなかったか。

では果たして村野は、渡辺翁記念会館で「革命」を果たせたのか。それを詳しくみていこう。

社会主義やナチスのイメージ

建物は公園の中にある。正面から近づいていくと、3本ずつ左右に分かれて並ぶ独立柱の向こうに緩やかにカーブするファサードが見えてくる。その姿はモダニズムのシンプルな美しさと象徴性を兼ね備えている。

壁は濃茶のタイルによる面とガラスブロックに縁取られた窓で構成されている。曲面のファサードは、3枚のレイヤーで構成されていて、エーリッヒ・メンデルゾーンによる「ショッケン百貨店」(1930年)あたりが念頭にあったとも思われる。

中央の玄関にはキャノピーが架かり、それを支

A 緩くカーブした3枚の壁が重なる正面｜**B** ガラスブロックで囲まれた窓｜**C** 1階ロビーの列柱。独自すぎる柱頭のデザイン｜**D** ロビーから地下に下りる階段の脇には、モダニズムの建築が象嵌されている｜**E** ガラスブロックがはまったトップライト｜**F** 舞台袖に見られる鷲の紋章｜**G** 2階席から舞台を見る。出隅を曲面で処理した手法は、後の日生劇場を思わせる｜**H** 玄関脇にある労働者のレリーフ

える柱の断面は「バルセロナ・パビリオン」のような十字形。そして脇の壁には、労働者を描いたレリーフがある。社会主義国家のポスターで見るような図像だ。

中へと入る。ロビーでまず驚かされるのが円柱だ。天井と接する部分が同心円状に鮮やかなグラデーションで塗られている。これはハンス・ペルツィヒの「ベルリン大劇場」（1919年）あたりを参考にしたものかもしれない。

ホールの内部を観察すると、舞台の袖には鷲をかたどったエンブレムが付いていた。これを見て多くの人が連想するのは、ナチス・ドイツだろう。この建物が着工する2年前にヒトラーが首相の座に着き、竣工の年には建築家のアルベルト・シュペーアが帝国首都建設総監に就任している。建築デザインの力を最大限に活用して国家建設を進めるナチスを、当時の日本建築界には、羨望の目で見つめる向きがあった。村野も関心を持っていたはずだ。

屋上へ出てみたら、そこは流麗ならせん階段が据えられたテラスになっていた。屋上庭園のアイデアは、ル・コルビュジエのサヴォア邸に基づくものとも想像できる。

内外を見て回って分かったのは、この建物が当時、世界の建築界で先端を走っていた表現主義やモダニズムのデザインを、パッチワークのようにつなぎ合わせてつくっているということ。そしてソビエト連邦やナチス・ドイツといった当時、政治的な前衛国家への関心を隠さずに表しているということだ。

何も信じていない村野

だからといって、村野がそうした建築デザインや政治体制を、目指すべき正しいものと捉えていたかというと、そうとも思えない。参照元のあまりの多さが、むしろ何も信じていなかったのではと示唆している。

そのことをはっきりと分からせてくれるのが、ロビーから地下へと向かう階段脇にあるモザイク画だ。そこにはロシア構成主義風のモダニズム建築が描かれている。それが意味しているのは、建築におけるモダニズムが、しょせんは「絵に描いた餅」だということではないか。

渡辺翁記念会館は、戦前期の日本におけるモダニズムの到達点を示すものであると同時に、それをはなからコケにもしている。とてつもない建築である。

古典主義者なのか、モダニストなのか。
意匠至上主義なのか、技術志向なのか。
建築史的な位置付けがとても難しい
村野藤吾(1891〜1984年)。
この宇部市渡辺翁記念会館の完成
時(1937年)には46歳。位置付け
の難しさは、この時点で既に
確立していたことが分かる。

←記念碑　記念塔→

この施設は、宇部市発展の基盤となる炭鉱、セメント、石炭化学
など7つの会社を興した渡辺祐策翁の死後、7社の寄付により
建設された。建物正面の記念碑と
6本の記念塔は、これら7社を象
徴しているといわれる。

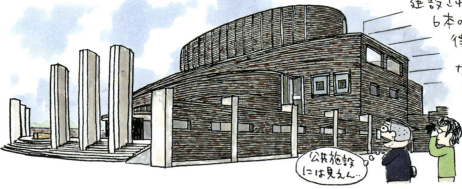

公共施設
には見えん…

なんてエレガント、なんてゴージャス！
ぱっと見、何の用途なのかよく分
からないが、それでもこの建物
がこの街にとって"特別な
存在"であることは、誰の目
にも分かる。

モダニズムとは対極に思える
外観だが、側面に回ると、ん？
こんなヒダヒダが飛び出している。

バッド
レス？

竣工時の写真を見ると、なんとそのヒダヒダは、
ホールの上部にも飛び出していた。門形架構
を外部に露出させたデザインだったのだ。コルビュ
ジエもびっく
りの大胆さ。

竣工時

建設中

雨仕舞改善のため、現在は
さらに屋根が架けられている。
まあ、そう
だろうなあ

現在

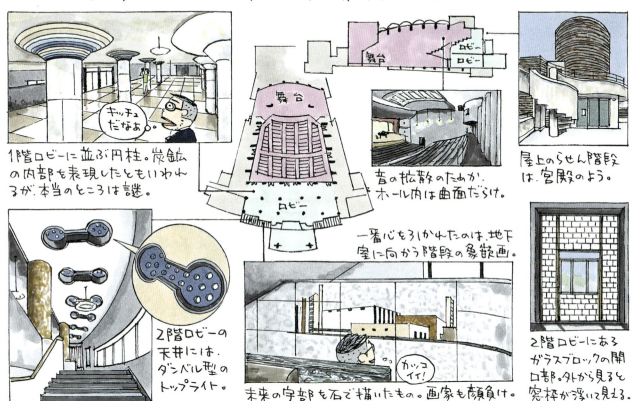
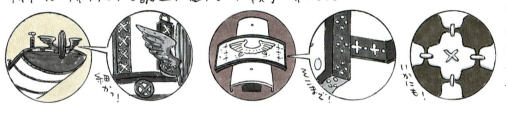

1937 昭和12年 寄り道

旧東京帝室博物館本館 [現・東京国立博物館本館]

瓦屋根をまとうモダニズム

所在地：東京都台東区上野公園13-9
交通：JR上野駅または鶯谷駅から徒歩10分
指定：重要文化財

渡辺仁、宮内省内匠寮［実施設計］

ジョサイア・コンドル設計の旧本館（れんが造）が関東大震災で被災。建て替えのコンペは「日本趣味を基調とする東洋式」が条件だったという

東京都

この東京国立博物館本館も1ページで描こうなんて、どだい無理な話である。特徴的な瓦ぶき屋根をめぐる"軍国主義疑惑"の話だけでも、4〜5ページは軽く描けそう。

なので、ここでは屋根の話は置いておいて、宮沢がひかれる「階段」にフォーカスしたい。

「原美術館」(原邦造邸、1938年)を見ても思うのだが、渡辺仁は戦前を代表する"階段室の名手"ではないか。村野藤吾は階段そのものがうまい"階段の名手"だが、渡辺仁は階段を含む空間の構成がうまい。

まず、来館者の度肝を抜く中央"2また"階段。たかだか2階に上がるためだけに、これだけの面積を使う階段ってあり？デザインも古典的に見えて、大胆な片持ちがモダン！

そして、脇役ながら主役を食うほどの存在感を放つ、両サイドのらせん階段。このツルッとした造形はまさにモダニズム！どこが軍国主義って？

この階段、何度見てもうっとりしてしまう…(宮沢のツボ)。東博に行くなら必見です！

1938 ●昭和13年●

思想を超えるスタイル

渡辺仁

原邦造邸［現・原美術館］

所在地：東京都品川区北品川4-7-25｜交通：JR品川駅から徒歩15分

東京都

現代美術に特化したミュージアムとして東京でも先駆けとなった原美術館は、東京都品川区の御殿山と呼ばれる高台の一角にある。

門を抜けると、モザイクタイルで覆われた建物が見えてくる。彫刻作品を横目に庭を歩いて、鮮やかな模様の大理石が庇を支える玄関へ。中に入ると丸柱が立つ玄関ホールで、その奥にある吹き抜けの部屋と、廊下の先にあるバナナ形にカーブした細長い部屋が、展示室となっている。

階段を上がると、2階には小割りの展示室が並ぶ。それぞれに特徴を持った魅力的な展示空間だが、その容積は現代美術の展示には、少し小さいとの印象を持つかもしれない。それもそのはず、この原美術館の建物は、もともと個人の住宅として建てられたものだった。

建て主は原邦造。戦前期に第百銀行や愛国生命など、数多くの会社で経営に携わった実業家だ。ただし原がこの家で暮らした期間はそれほど長くない。竣工して10年もたたないうちに、敗戦で進駐軍に接収されてしまうのだ。返還後はフィリピンやミャンマーの大使館だった時期もあったが、しばらくすると使われなくなり、美術館として公開される前は、10年あまり空き家として放っておかれていたという。

現在、美術館として見どころとなっているのが、住宅だった頃にトイレや暗室だった小部屋を用いた常設のインスタレーションで、ジャン・ピエール・レイノー、宮島達男、須田悦弘、森村泰昌、奈良美智といった一流の現代美術家が、ここでしかできない展示を行っている。また磯崎新アトリエの設計で中庭側に増築されたカフェも人気だ。

アール・デコかモダニズムか

さてこの建物について取り上げるとき、ひとつの悩みは、この建物の様式がモダニズムか、アール・デコかという問題だ。

窓のフェンスや玄関まわりのきっちりとした幾何学的デザインはアール・デコ的といえる。しかし全体を見ると、やはりこれはモダニズムだろう。平面ははっきりと左右非対称で、曲がっていく廊下のような、歩きながら体験する空間のつくり方もモダニズムの特徴だ。中心からずれたところに見える広がった円筒形のボリュームも、外観を整えるためというより、内部のらせん階段の形状がそのまま外に現れたとみなせる。機能から形を導くモダニズムの手法が、この建物にはうかがえる。

しかし、アール・デコかモダニズムかという区別は、設計者の渡辺仁にとって意識されていなかったかもしれない。今ではアール・デコの華麗な装

A 玄関。アール・デコとモダニズムが拮抗している｜**B** 中庭側にはホールやカフェが増築されている。右側の平屋部は家政婦が働くスペースだった｜**C** 1階、ホールの窓を外から見る。フェンスのデザインにはアール・デコが匂う｜**D** 1階、テラゾーでつくられた朝食堂の窓台｜**E** 1階から2階へと上がる階段。白の空間の中に置かれた黒大理石｜**F** 2階から塔屋へ上がる階段。壁のガラスブロックを通して光が入る｜**G** 1階展示室の床には間仕切り壁の名残が残る｜**H** 増築されたカフェの内部

飾性に対して、モダニズムの徹底的な装飾否定といった、対立する立場として両者を捉えるが、この建物が建てられた1930年代は、ヨーロッパでサヴォア邸のようなモダニズムが台頭すると同時に、米国ではクライスラービルが建てられアール・デコの大ブームが起こっていた。建築界の最新ファッションとして、2つは同時に起こっていたのである。

思想なんていらない？

渡辺仁はこの建物のほかに、歴史主義とアール・デコ様式を合わせたようなホテル・ニューグランド（1927年）、ネオ・ルネッサンス様式の服部時計店（1932年、現・和光本店）、アール・デコ調の日本劇場（1933年、現存せず）、イタリアのファシズム建築を思い起こさせるような第一生命館（1938年、DNタワー21に部分保存）など、様々なスタイルの建築を手掛けた。

一方で渡辺は、設計コンペに情熱を燃やした建築家でもあった。最も有名なのは東京帝室博物館（1937年、現・東京国立博物館）での1等当選だろう。ほかにも、鉄道院や逓信省に勤めていた頃からすでに個人として、明治神宮宝物殿、明治天皇聖徳記念絵画館、帝国議会議事堂などのコンペに応募し、上位入選を果たした。独立後も軍人会館、福岡市公会堂、京城朝鮮博物館などのコンペで佳作以上に選ばれている。

興味深いのは、1つのコンペに複数の案を出している場合が結構あること。聖徳記念絵画館や東京市庁舎では2案、第一生命館では3案も提出している。

複数案から審査員に選ばせるというのは、建築家として「どれでもいい」という態度である。信念がない。言い換えれば、建築を支える思想がない。その無思想ぶりは建築家として責められるべきかもしれない。

しかし同時にそれは、どんな建築をつくろうとも高いレベルで設計できるという、自信の表れでもある。実際に彼は、先に挙げたような、1人の建築家が10年のうちに手掛けたとは到底思えないような多種多様な建築を設計しているのだ。

思想なんてなくたって、優れた建築はできる。そのことを原美術館を含む渡辺の作品は示しているように思える。

宮沢の知る、日本で最もエロチックな階段——。それが原美術館にあるこの階段だ。

もともと「この階段はエロい」と思っていたところに、2016年、写真家の篠山紀信氏がここで「快楽の館K」というヌード写真展を開催。会見時、篠山氏の「いい建築はエロチック」という言葉を聞き、「その通り！」と膝を打った。

←篠山作品の展示風景。

渡辺仁
(1887～1973年)
東京帝大建築学科卒。鉄道院などを経て、1920年独立。

渡辺仁というと帝冠様式論争に始まり、外観の話ばかりになってしまう。しかし、宮沢は言いたい——。

☻MIYAZAWA'S EYE☻ 「渡辺仁の魅力は階段室にあり！」 ☻MIYAZAWA'S EYE☻

東京国立博物館本館(1937)。中央階段もいいけれど、両サイドにある、この「四角いらせん」がグッと来る。

銀座和光(1932)。遠目に時計塔を見て満足せず、たまには買い物を。階段室への光の入れ方にうっとり。

ホテルニューグランド(1927)。オーソドックスな洋風階段ながら、両脇のタイル張りの腰壁が妙にエロチック。

・昭和13年・
1938

日本化するモダニズム

東京女子大学礼拝堂・講堂

所在地：東京都杉並区善福寺2-6-1｜交通：JR西荻窪駅から徒歩12分
指定：登録有形文化財

アントニン・レーモンド

東京都

東京都杉並区の住宅地を抜けて、東京女子大学のキャンパスへとたどり着く。正門のすぐ右側に、塔を頂いた建物が見える。これが今回の巡礼地となる礼拝堂と講堂だ。

穴あきのプレキャストコンクリート製ブロックで覆われた外壁は、白く塗られてレース編みのよう。これはこれできれいだが、当初はコンクリート打ち放しだったそうだ。

内部へと入ろう。まずは講堂へ。ステージを中心として扇状に広がった座席には約1000人を収容。入学式、卒業式などの行事や講演会がここで行われている。ハイサイドライトからたっぷりと外光が入る明るい大空間だ。

次に礼拝堂。こちらはコンクリートの円柱が緩いカーブのボールト天井を支える縦に長い空間。両側と正面の壁を埋めた穴あきブロックには、内側に色ガラスがはめられ、そこを通った光が、室内全体をカラフルに染めている。他の建物ではなかなか味わえない空間体験だ。

設計したのは、チェコ生まれの米国人建築家、アントニン・レーモンド。日本には、フランク・ロイド・ライトのスタッフとして、帝国ホテル（1923年）の設計のためにやってきた。完成を待たずにライトの下を離れるが、日本にはそのまま残り、自分の事務所を立ち上げる。第二次大戦中は米国へ帰るものの、戦後は再び日本で活動し、リーダーズダイジェスト東京支社（1951年）、群馬音楽センター（1961年）など、日本の設計者にとって手本となるモダニズムの秀作を多く手掛けた。

他の建築家からの影響

レーモンドは東京女子大学のキャンパスづくりに当初から携わり、そこにある多くの建物を設計した。東京女子大学とどういう経緯でつながったのかは明らかでない。推測だが、大学創立に常務理事として大きな役割を果たした宣教師で、後の駐日大使の父親でもある、オーガスト・カール・ライシャワーの働きかけだったのではないか。

ライシャワーはシカゴにあるマコーミック神学校の出身。シカゴに事務所を構えていたライトのことは耳に入っていただろうし、一時在籍したシカゴ大学のすぐ前には、ライトの代表作ロビー邸（1910年）があるから、それも見ていただろう。ライトとの関連で、レーモンドに依頼が行われたのは、ありそうなことだ。

東京女子大学の建物を設計したのは、レーモンドがまだ独立して間もない頃であり、そのためか、他の建築家からの影響が見て取れる。外国人教師館（1924年）と本館（旧図書館、1931年）はライト風

A ステンドグラスを通った光に彩られる礼拝堂の内部。ステンドグラスは42色ある | **B** 礼拝堂の入り口から祭壇方向を見る。ステンドグラスを通過した光が壁にまだらの模様を描く | **C** 礼拝堂内部のらせん階段 | **D** 1927年に竣工したライシャワー館 | **E** 1924年に竣工した外国人教師館はライト調 | **F** 1925年に竣工した安井記念館 | **G** 扇状に約1000席が並ぶ講堂 | **H** 1931年に竣工した東京女子大学本館。当初は図書館だった

だし、安井記念館(1925年)は、オランダの建築運動、デ・ステイルをリードしたヘリット・リートフェルトあたりの建築を連想させる。

そして最後に建てられた礼拝堂と講堂は、オーギュスト・ペレによるランシーの教会(1923年)にそっくりだ。これについては、当時のスタッフにペレ事務所の出身者がいたし、レーモンドも著作で認めているので、意図してまねたのは間違いない。設計中には、自分が設計した夏の家(1933年)について、ル・コルビュジエから盗作疑惑がかけられるという事件もあったのに(後に和解)、レーモンドの神経の何と図太いことか。

ユニークな合築の意味

東京女子大学の礼拝堂とランシーの教会の似ている点をあげつらっても仕方がない。それよりもむしろ、どこが違うのかを見たほうが建設的だろう。

まず言えるのは、空間のボリューム。幅も奥行きも、東京女子大学はランシーの教会のおよそ半分だ。内部の構成も違う。ともに円柱が並んでいるが、ランシーの教会は柱で身廊と側廊が分かれる明解な三廊式なのに対し、東京女子大学では柱の外側が人ひとりようやく通れるくらいと狭く、側廊と言える空間がない。これは教会というより、レーモンドが木造住宅の設計で用いた、建具の内側に柱を離して立てる手法に近い。

そして最も大きな違いは、礼拝堂と背中合わせに講堂が合体していることだ。理由は1台のオルガンを両方で使うためだったらしいが、本来なら別に建てられるべき建物が、ここでは合体している。

思い出したのは、1996年に建築家の塚本由晴、貝島桃代らが行った「メイドイントーキョー」という展示で、デパートと高速道路、生コン工場とアパート、スーパーマーケットと自動車教習所など、東京で見られる奇妙な合築を紹介したものだ。高密度に人々が暮らす東京でしかありえないユニークな建築として、それらは評価されていた。

レーモンドも無意識のうちに、日本建築の特質を、こぢんまりとコンパクトにまとまっていくものとして捉え、フランスの建築を移植する際に、合築という方法を採ったのではないか。レーモンドが「日本の建築家」になっていく過程が、この建築には表れている。

今回も「この連載をやっていて良かったなぁ」という建築だ。東京・西荻窪の東京女子大学。アントニン・レーモンドが戦前に設計した7つの建物が現存する。まずは、正門右手の礼拝堂へ。

おぉっ

そこはまさに光のシャワー。様々な光が溶け合うなか、正面に白い十字架がぼんやりと浮かび上がる。

この礼拝堂は、オーギュスト・ペレが設計した「ランシーの教会」(1923.仏)をヒントにしたといわれる。なんと自著で「それ(ランシーの教会)を取り入れることを決心し、大筋をペレの線に合わせた」と堂々と書いている。悪びれないなぁ…。

▲ランシーの方が横幅がない。

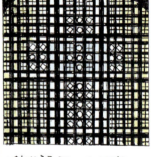

◀外から見るとこんな感じ。穴あきコンクリートブロック積み。

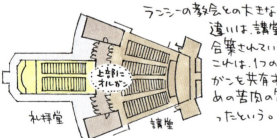

上部にオルガン

礼拝堂　講堂

ランシーの教会との大きな違いは、講堂が合築されていること。これは、1つのオルガンを共有するための苦肉の策だったという。

↳結果、こんな平面になった。

講堂は一転、白い光に包まれた空間。すりガラスが障子のような効果を生んでいる。

明治期1868-1912　大正期1912-1926　**昭和期1926-1942**　　　　243

レーモンドの建築群(①〜⑦)が残るのは、正門に近いキャンパス東側。礼拝堂(⑦)がペレの影響を受けているだけでなく、どの建物を見ても「なんとなく誰かに似てる！」

例えば、本館(⑥、1931)は、ひと目見て、フランク・ロイド・ライトを思わせる。開口部の模様は自由学園明日館(1921)、ぽい。

③安井記念館(1925)　②外国人教師館(1924)　⑤ライシャワー館(1927)　⑥本館(1931)　①西校舎(1924)　④東校舎(1927)　2号館　1号館　⑦礼拝堂・講堂(1938)

外国人教師館(②、1924)は、同じくライトの帝国ホテル(1922)風。特に、キャノピーの造形が、帝国ホテルのキャノピーにそっくり。→

水平線と垂直線を強調した安井記念館(③、1925)は、リートフェルトをほうふつさせる。

勝手に色を塗ってみるとこんな感じ？↓

シュレーダー邸風に彩色

考えてみると、当時は写真がモノクロだから、色をまねようと思っても、できなかったのかもしれない。

レーモンドといえば、「軽井沢夏の家」(1933、現・ペイネ美術館)の設計でコルビュジエから"パクリ疑惑"を持たれたことで知られる。後のレーモンドも考えれば、自分を探るための"吸収過程"だったのだろう。

レーモンド／軽井沢夏の家

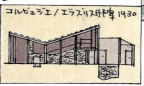
コルビュジエ／エラズリス邸計画1930

「学ぶ」の語源は「まねぶ」。現代人ももっとおおらかになったほうがよいのでは？

1940 昭和15年 寄り道

橿原神宮前駅
木造に見せない村野の抵抗?

所在地:奈良県橿原市久米町618｜交通:近鉄・大阪阿部野橋駅から急行で約40分

奈良県

村野藤吾

大屋根と言っても大味ではない。両端の複雑な屋根の重なり(写真)がさすが村野藤吾。築約80年で現役。しかも古く見えないのがすごい

この駅舎は、日中戦争のさなかに村野藤吾の設計で建設された。なぜそんなときに駅舎を？それは1940年に橿原神宮で紀元2600年の奉祝式典が開かれたから。

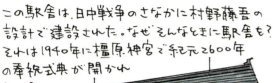

神宮の玄関口といっても、単純な切妻屋根ではない。大きさや勾配、方向の異なるいくつもの屋根を組み合わせて、視覚的変化に富んだ屋根をつくり上げている。

和風に見えて和風にあらず。

コンコースはモダニズム的な台形断面の大空間。梁には、こんな和柄が彫り込まれていて楽しい。

西側の妻面上部には、こんな牧歌的な彫刻が…。

神武天皇東征の故事にちなんだものらしいが、こんなノンビリした輪絵がそうなの？

現地で見ていたときは、鉄骨造か鉄筋コンクリート造と信じて疑わなかった。

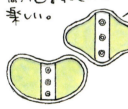

よく資材があったなぁ

ところが東京に戻って調べると、なんと木造だった。やはり当時、木材以外に大量に使える構造材はなかったのだろう。

「戦争」「紀元2600年」「木造」となれば、村野も当然"国威発揚"のデザインを求められたはず。もっとコテコテの和風であったとしてもおかしくはない。それを「いかにも木造」に見せなかったのは、村野流の抵抗か？

木造にして木造に見えず。 さすが村野藤吾！

• 昭和17年 •
1942
家の中の公共空間

前川國男

前川國男邸

所在地：東京都小金井市桜町3-7-1（江戸東京たてもの園内）
交通：JR武蔵小金井駅からバス、小金井公園西口下車徒歩5分｜指定：東京都有形文化財

東京都

建物を移設して集めた野外博物館は全国各地にいくつかある。東京都小金井市の「江戸東京たてもの園」もその一つだが、他と違うのは、古民家ばかりでなく近代の住宅、それも名のある建築家の作品が展示物に含まれていること。堀口捨己設計の小出邸と並んで、建築愛好者にとって目玉展示となっているのが、今回取り上げる前川国男の自邸だ。

もともとこの家は1942年、すなわち太平洋戦争の最中に、東京の目黒で建てられたもの。1973年、鉄筋コンクリート造による別の建物に建て替えられるが、前川は軽井沢に別荘として建て直すことを想定して、解体した材料を保管していた。別荘の計画は実現しないまま前川は没するが、1996年にこのたてもの園で再建された。なお建物は様々な改造が加えられていたが、移築の際に、当初の形へと復元している。

園内のメーンストリートを進んでいくと、芝生の庭を挟んで建物の南面が見える。シンプルな家形のシルエット。外壁は板張りで、茶色に塗られている。町の中にこれが立っていたら、何も気付かずに通りすぎるかもしれない。それくらい、遠目にはさりげない外観だ。目を凝らせば、開口部のプロポーションや、中央で棟を支える丸柱に非凡な冴えがうかがえはするのだが。

入り口は反対の北側にある。こちらにも庭があり、石敷きのアプローチを経て、玄関へとたどり着く。折れ曲がりながらつながっていく動線は、後の代表作、埼玉県立博物館(1971年、現・埼玉県立歴史と民俗の博物館)などに通じる手法だ。

オフィスとしても使われた

玄関は意外に小さい。上がると左側に大きな扉が開いている。それに導かれるように進んでいくと、2層吹き抜けの居間が広がっていた。南側は全面が開口。鴨居で上下が分かれ、下部には障子が入っている。北側はロフト状の2階があり、両フロアともほぼ左右いっぱいに開口がとられている。つまりこの家は、家形を四角くくりぬいたような構成であり、その中央に通ったトンネル状の空間が居間になっているのである。

天井の高い居間に階段を設けて上下のフロアを結ぶ方法は、ル・コルビュジエのシトロアン住宅(1920年)に倣ったものだろうか。日本では増沢洵の最小限住居(1952年)、アントニン・レーモンドのカニングハム邸(1954年)、磯崎新の新宿ホワイトハウス(1957年)などの例が思い浮かぶ。時代が下れば、難波和彦の箱の家シリーズ(1995年−)にもこれに近いものがある。モダニズムの住宅空間におい

A 中央の大きな開口部の前には棟持（むなもち）柱のような丸柱が立つ｜**B** 北側の玄関周り。回り込むようにして中に入る｜**C** 居間の東側にある寝室｜**D** 2階から居間を見下ろす。大開口により、空間が光で満たされている｜**E** 台所側へと出る扉は上部がアーチ状｜**F** 天井が高い居間にはロフト状の2階が設けられている。左側の収納は一部が居間に向けての展示ケースになっている

て一つの原型をなす形式といえる。

　居間の東西両側には寝室、キッチン、浴室、トイレ、使用人室がまとめられている。平面図で見ると、日建設計で林昌二が担当したポーラ五反田ビル（1971年）のような、ツインコアのオフィスビルに似ている。実際、この部屋は、1945年に東京大空襲で事務所を設けていた銀座のビルが焼失した後、10年間ほどは、事務所としても使われた。その時は居間にずらりと製図板が並んでいた。

　この空間が事務所として使えたのは、やはりそのポテンシャルを空間が備えていたからに違いない。元所員の中田準一による著書「前川さん、すべて自邸でやってたんですね」（彰国社、2015年）によれば、前川はこの部屋を居間やリビングではなく「サロン」と呼んでいた。住宅といえども、そこをある種の公共性や社会性を備えた場所として、前川が捉えていたことの証拠だ。そしてこの空間のつくり方が、埼玉県立博物館や熊本県立美術館（1977年）のガラス張りロビーへとつながっていったのだろう。

音響の効果はいかに？

　さて、前川は神奈川県立音楽堂（1954年）や東京文化会館（1961年）などの音楽ホールを手掛け、そこに多くの音楽好きを集めることになるが、前川本人もクラシック音楽の大の愛好者であった。晩年、階段の上り下りがきつくなってもコンサートを聴きにホールまで足を運んでいたというから、そのマニアぶりは半端ではない。

　そしてこの自邸でもクラシックのレコードをかけて、楽しんでいた。資料写真を見ると、階段の上り口にある布のカバーがかかった箱がフィリップス社製のプレーヤーらしい。どんなレコードをそろえていたのか気になるが、前川の関係者が記した何冊かの本を読むと、バルトークの「ディヴェルティメント」のようなドラマチックに盛り上がる弦楽曲を好む一方、フォーレの「レクイエム」といった静謐な合唱曲も好きだったようだ。

　なお、前述の本には「サロンの大空間が音をふくらませる」とある。その音響の効果をぜひ体験してみたいものだ。この空間とプレーヤーを使って、レコード・コンサートを開いてくれないものかしら？

ついに「プレモダン編」も最終回。
トリを務めるのは前川國男の自邸だ。
竣工は太平洋戦争開戦後の1942年。
1996年に江戸東京たてもの園に移築され、
今は誰でも見ることができる。

戦時下の木造住宅？しかも移築？そんなのハリボテだろう—。そんなふうに思ったとしても無理はない。実は筆者も初めて見るまではそう思っていた。しかし、断言する。建築家の自邸で、必ず見るべきものを1つ挙げるならこれだ。

ちなみに、たてもの園には、子どもに人気の「子宝湯」もあるので、家族で行っても1日楽しめます。

↑子宝湯(1929年)

とにかく、その内部空間の豊かさ！
大した材料を使っていないのに、
なぜこの吹き抜けはこんなに
居心地がいいの？
通常は見学できない2階からも
見せてもらいました↓。

あとがき―調べるほどに面白い時代

　「建築巡礼」は、建築雑誌の編集者でイラストレーターでもある宮沢と建築ライターの磯が、一緒に建築へ出掛け、そこで見たこと考えたことを記事にしていく連載である。建築専門誌「日経アーキテクチュア」で2005年から始まり、現在まで断続的に続いている。

　連載は日本の建築を原則として時代で区切って取り上げている。最初は1945年から1975年までの戦後復興期から高度経済成長期までに建てられた建築で、これは「昭和モダン建築巡礼 西日本編」(2006年発行)、「同 東日本編」(2008年発行)にまとめられた。続いて1975年から1995年までの建築を回り、これは「ポストモダン建築巡礼」(2011年発行)として単行本化された。その後は時代を一気に遡り、古代、中世、近世、近代と順に日本建築の代表作をたどった。2014年に発行した単行本「日本遺産巡礼 西日本30選」「同 東日本30選」の2冊には、1914年以前の建築の記事が収録されたが、判形も小さくこれまでと異なる形式での出版だった。これまでのスタイルで、明治・大正・昭和戦前期の建築についてまとめ直したのが本書である。

連載当初とは全く変わった価値観

　建築巡礼シリーズの最初の単行本「モダン建築巡礼 西日本編」を読み返すと、宮沢はプロローグでこんなことを書いている

　「戦後につくられた建築は、いつの間にかなくなってしまう。戦前の建築が残り、戦後の建築が消えていく、という逆転現象――」。

　戦後のモダニズム建築が一顧だにされず壊されていく一方で、明治や大正期の様式建築が大事に扱われ保存の対象になっている状況について、その不当さを告発したものだ。磯も全く同じことを考えていた。さらに言ってしまえば、「戦前の様式建築なんて、どこが良いんだが分からないよ」と、実は思って

いた。西洋の古典建築をなぞったオーダーは意味なく装飾的だし、内部も四角い部屋がただ並んでるだけで空間の妙味もない。ノスタルジックな意味以上に価値はないのではないか、と捉えていたのだ。

　しかし先史時代から現代に至る日本の代表的な建築を見た後、さらには建築が建てられた歴史的な状況を踏まえたうえで明治・大正・昭和戦前期の建築を訪ねると、印象は全く変わっていた。

文明開化がもたらした様々な乱流

　この時期の日本建築に何が起こったか。独自の発展を遂げていた日本の伝統建築の流れと、グローバルな広まりを見せる近代建築の流れが、文明開化によっていきなりぶつかることで、様々な乱流がそこに発生する。建築においてこれほど急激な変革の時代はなかった。

　その時代で建築家たちは、新たな道を切り開こうと一人ひとりが悩みながら努力していた。肖像写真ではヒゲをたくわえた偉そうな顔をしている建築家にも、時代の状況を追っていくと、それぞれになんとなく親近感を持てるようにもなった。調べれば調べるほど、この時代はとても面白いのである。

　その面白さを深掘りするために、本書では建築以外の社会的、文化的な事象をしばしば関連付けて論じた。その結び付け方は時に強引すぎる場合もあるかもしれないが、通説と異なる場合はそうであることが分かるよう、気を付けて書いたつもりである。本書をきっかけに、建築に出会う旅へと出かけてくれればうれしい。

　さあ行こう、プレモダン建築へ。

2018年3月

磯達雄［建築ライター］

[日経アーキテクチュア掲載号]

028　富岡製糸場｜2014年1月25日号
034　旧済生館本館［現・山形市郷土館］｜2014年6月25日号
040　旧札幌農学校演武場［現・札幌市時計台］｜書き下ろし
042　手宮機関庫3号｜2014年2月25日号
048　道後温泉本館｜2014年4月25日号
054　京都国立博物館｜2014年5月25日号
060　旧岩崎久彌邸｜2014年3月25日号
066　日本銀行本店本館｜2014年9月25日号
072　大阪図書館［現・大阪府立中之島図書館］｜書き下ろし
074　旧日本郵船小樽支店｜書き下ろし
076　旧津島家住宅［現・斜陽館］｜2014年10月25日号
082　浜寺公園駅｜書き下ろし
084　旧東宮御所［現・迎賓館赤坂離宮］｜2014年11月25日号
092　旧松本家住宅｜書き下ろし
094　日本銀行旧小樽支店｜書き下ろし
096　網走監獄五翼放射状平屋舎房｜2014年8月25日号
104　東京駅丸の内駅舎｜2014年12月10日号
112　梅小路機関庫［現・京都鉄道博物館］｜書き下ろし
114　旧秋田商会｜書き下ろし
116　函館ハリストス正教会｜2015年3月25日号
122　名和昆虫博物館｜書き下ろし
124　旧京都中央電話局西陣分局舎［現・NTT西日本西陣別館］
　　　2015年4月25日号
130　自由学園明日館｜書き下ろし
132　日本基督教団大阪教会｜2015年1月25日号
138　帝国ホテル｜2015年2月25日号
144　旧山邑家住宅［現・ヨドコウ迎賓館］｜書き下ろし
146　下関電信局電話課［現・田中絹代ぶんか館］｜書き下ろし
148　大宜味村役場｜書き下ろし
152　一橋大学兼松講堂｜2015年6月25日号
158　聴竹居｜2015年8月25日号
164　イタリア大使館別荘｜書き下ろし
166　甲子園ホテル［現・武庫川女子大学甲子園会館］｜2015年5月25日号

172　綿業会館｜2015年7月25日号
178　東京中央郵便局｜書き下ろし
180　横浜市大倉山記念館｜書き下ろし
182　大阪ガスビルディング｜2015年9月25日号
188　大丸心斎橋店本館｜2015年11月25日号
194　日本橋髙島屋｜書き下ろし
196　旧日向別邸｜2015年10月25日号
202　築地本願寺｜書き下ろし
204　軽井沢聖パウロカトリック教会｜書き下ろし
206　万平ホテル｜2015年12月25日号
212　黒部川第二発電所｜2016年2月25日号
218　国会議事堂｜2016年5月26日号
224　宇部市渡辺翁記念会館｜2016年6月23日号
230　旧東京帝室博物館本館［現・東京国立博物館本館］｜書き下ろし
232　原邦造邸［現・原美術館］｜2018年4月26日号
238　東京女子大学礼拝堂・講堂｜2016年3月24日号
244　橿原神宮前駅｜書き下ろし
246　前川國男邸｜2016年7月28日号

日経アーキテクチュア再録分の文章と、各章の扉ページの前文は磯達雄による。
「寄り道」の写真キャプションと見出しは宮沢洋が担当。
建物の写真（特記以外）は、日経アーキテクチュア再録分については磯達雄、
「寄り道」と対談中の写真は宮沢洋の撮影

［著者プロフィル］

磯達雄｜いそ・たつお

1963年埼玉県生まれ。88年名古屋大学工学部建築学科卒業。
88-99年『日経アーキテクチュア』編集部勤務。
2000年に独立。02年から編集事務所・フリックスタジオを共同主宰。
桑沢デザイン研究所非常勤講師、武蔵野美術大学非常勤講師。
著書に『ぼくの魂』、共著に『高山建築学校伝説』
『デジタル画像で見る日本の建築30年の歩み』
『現代建築家99』『ぼくらが夢見た未来都市』など。
フリックスタジオのホームページはhttp://www.flickstudio.jp/

宮沢洋｜みやざわ・ひろし

1967年東京生まれ、千葉県育ち。
90年早稲田大学政治経済学部政治学科卒業、日経BP社入社。
文系なのになぜか『日経アーキテクチュア』編集部に配属。
以来、現在まで建築一筋。
2005年1月-08年3月『昭和モダン建築巡礼』、
08年9月-11年7月『建築巡礼ポストモダン編』、
11年8月-13年12月『建築巡礼古建築編』、
14年1月-16年7月『建築巡礼プレモダン編』を連載。
18年現在は再び「建築巡礼昭和モダン編」を連載中。
日経アーキテクチュアの購読申し込みはtech.nikkeibp.co.jp/media/NA/

プレモダン建築巡礼 Japanese Pre-Modern Architecture

2018年4月23日 初版第一刷発行
2021年1月18日 初版第四刷発行

著者=磯達雄［文］、宮沢洋［イラスト］

編者=日経アーキテクチュア
発行者=吉田琢也
発行=日経BP社
発売=日経BPマーケティング
〒105-8308 東京都港区虎ノ門4-3-12

装丁・デザイン=刈谷悠三+角田奈央+平川響子/neucitora
印刷・製本=図書印刷株式会社
©Tatsuo Iso, Nikkei Business Publications, Inc. 2018　Printed in Japan
ISBN978-4-8222-5652-4

［ご注意］
本書の無断複写・複製［コピー等］は、著作権法上の例外を除き、禁じられています。
購入者以外の第三者によるデータ化及び電子書籍化は、私的使用を含め一切認められておりません。
本書籍に関するお問い合わせ、ご連絡は下記にて承ります。
https://nkbp.jp/booksQA